Klick!

Arbeitsheft

Biologie · Physik · Chemie

Erarbeitet von
Berthold Geist
Arne Goldmann
Dr. Daniela Perbandt
Dr. Benjamin Schmidt
Patrick Schönecker
Dr. Eva Schropp
Victoria Stolz

 In der **Cornelsen Lernen App** findest du passend zu deinem Arbeitsheft

- Audios
- Videos
- digitale Hilfen
- interaktive Elemente

Cornelsen

Klick!

Arbeitsheft
Biologie · Physik · Chemie

Jetzt mit barrierefreiem Farbkonzept
Mehr Informationen auf *cornelsen.de/bf*

Ab Jahrgangsstufe 6

Erarbeitet von: Berthold Geist, Arne Goldmann, Dr. Daniela Perbandt, Dr. Benjamin Schmidt, Patrick Schönecker, Dr. Eva Schropp, Victoria Stolz

Redaktion: Alina Teichler, Anne Vahldieck

Lizenzmanagement: Melanie Tönnies

Umschlaggestaltung: Anja Rosendahl, Berlin

Umschlagillustration: Nils Fliegner, Hamburg

Layoutkonzept: Klein & Halm, Berlin

Layout und Technische Umsetzung: Reemers Publishing Services GmbH, Krefeld

Begleitmaterialien zu Klick! Biologie, Physik, Chemie Klasse 6
Arbeitsheft als E-Book mit Medien: Produktnr. 1100032283
Unterrichtsmanager Plus: Produktnr. 1100032288

www.cornelsen.de

Soweit in diesem Lehrwerk Personen fotografisch abgebildet sind und ihnen von der Redaktion fiktive Namen, Berufe, Dialoge und Ähnliches zugeordnet oder diese Personen in bestimmte Kontexte gesetzt werden, dienen diese Zuordnungen und Darstellungen ausschließlich der Veranschaulichung und dem besseren Verständnis des Inhalts.

Achtung! Unsere Experimente sind sorgfältig ausgewählt und getestet, sodass hiervon bei ordnungsgemäßer Durchführung keine Gefahren ausgehen. Die Vorsichtsmaßregeln und Gebrauchsanweisung sind zu beachten! Durchführung nur unter Aufsicht und ggfs. mit Hilfestellung von Erwachsenen! Bitte beachten Sie auch die für ggfs. verwendete Materialien geltenden Sicherheitsanforderungen. Eine Haftung für Schäden durch eine unsachgemäße Verwendung oder Durchführung wird ausgeschlossen.

Die Cornelsen Lernen App ist eine fakultative Ergänzung zu Klick! Biologie, Physik, Chemie, die die inhaltliche Arbeit begleitet und unterstützt. Als solche unterliegt sie nicht der Genehmigungspflicht. Die enthaltenen Links verweisen auf digitale Inhalte, die der Verlag bei verlagsseitigen Angeboten in eigener Verantwortung zur Verfügung stellt. Links auf Angebote Dritter wurden nach den gleichen Qualitätskriterien wie die verlagsseitigen Angebote ausgewählt und bei Erstellung des Lernmittels sorgfältig geprüft. Für spätere Änderungen der verknüpften Inhalte kann keine Verantwortung übernommen werden.

1. Auflage, 1. Druck 2025

Alle Drucke dieser Auflage sind inhaltlich unverändert und können im Unterricht nebeneinander verwendet werden.

© 2025 Cornelsen Verlag GmbH, Mecklenburgische, Str. 53, 14197 Berlin, E-Mail: service@cornelsen.de

Druck: H. Heenemann, Berlin

ISBN 978-3-06-011442-9

PEFC-zertifiziert
Dieses Produkt stammt aus nachhaltig bewirtschafteten Wäldern
PEFC/04-31-1156   www.pefc.de

Inhaltsverzeichnis

Inhaltsverzeichnis

Aufgaben zur Medienkompetenz befinden sich auf folgenden
Seiten: 83, 122, 127.

Werde ein Experimentier-Profi!

Forscherinnen und Forscher **möchten**
mehr über die Natur herausfinden.
Deshalb führen sie Experimente **durch.**
Das Experimentieren **ist eine wichtige** Methode **in den** Naturwissenschaften.
Aber wie wird eigentlich experimentiert?

▶ Experimentier-Profi S. 133

📖 Vor dem Experimentieren

▶ Lese-Profi S. 132

1 Mithilfe von Experimenten kannst du Fragen beantworten.

2 Du schaust dir also zuerst die Frage an.

3 Danach machst du dir Gedanken:

4 Was könnte die Antwort auf die Frage sein?

5 Du schreibst jede Antwortmöglichkeit

6 mit einer Begründung auf.

7 Das nennen wir eine Vermutung aufstellen.

8 Die aufgestellten Vermutungen können wahr oder falsch sein.

9 Deshalb musst du die Vermutungen überprüfen.

10 Dafür führst du ein Experiment durch.

Die Klasse 6A hat im Internet ein Bild von zwei Eiern gesehen.
Die Klasse 6A fragt sich, warum das eine Ei oben schwimmt
und das andere Ei untergeht.
Die Klasse 6A stellt Vermutungen auf:

Anna:　„Die Eier liegen bestimmt in unterschiedlichen Flüssigkeiten.
　　　　Ansonsten ist doch alles gleich!"

Laura:　„Das linke Ei könnte vielleicht in Salzwasser liegen.
　　　　Ich war in den Ferien nämlich am Toten Meer
　　　　und dort schwimmt wegen dem Salz im Wasser auch alles oben."

Tom:　„Quatsch, das eine Ei ist bestimmt gekocht und darum viel schwerer als
　　　　das andere Ei. Deshalb geht es unter! Die Flüssigkeit ist ganz egal."

Lehrerin:　„Das sind gute Vermutungen. Wir müssen sie überprüfen.
　　　　Wir fangen mit Annas und Lauras Vermutungen an!"

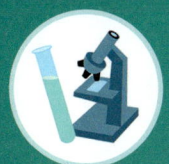

📖 Ein Experiment vorbereiten

▶ Lese-Profi S. 132

1 Vor dem Experimentieren **liest** du die **Materialliste**.

2 Eine Materialliste ist eine **Liste mit allen Materialien** für das Experiment.

3 Danach **räumst** du deinen **Tisch leer** und **besorgst** alle **Materialien**.

4 Dann **liest** du die **Anleitung**.

5 Eine Anleitung ist eine **genaue Beschreibung** von einem Experiment.

6 In einer Anleitung wird das Experiment Schritt für Schritt erklärt.

7 Auch die **Regeln im Fachraum liest** du vor dem Experimentieren.

Materialliste: zwei Bechergläser, Leitungswasser, einen Löffel, Salz, zwei frische ungekochte Eier.

Anleitung:

a) Fülle die beiden Bechergläser mit Leitungswasser auf.

b) Gib in das erste Becherglas einen Löffel Salz und rühre das Wasser um.

c) Lege die Eier vorsichtig in die Bechergläser.

① ② mit Salz ohne Salz

Die Regeln im Fachraum

- Ich höre auf die Anweisungen meiner Lehrkraft.
- Ich gehe langsam im Fachraum.
- Ich hänge meine Tasche und meine Jacke auf.
- Ich esse und trinke nichts im Fachraum.
- Ich binde meine langen Haare vor dem Experimentieren zusammen.
- Ich trage beim Experimentieren einen Schutzkittel und eine Schutzbrille.
- Ich probiere keine Materialien.
- Ich atme keine Materialien ein.
- Ich gehe sorgfältig mit den Materialien um.

Werde ein Experimentier-Profi!

 Ein Experiment durchführen

▶ Lese-Profi S. 132

1 Du **hältst dich** beim Experimentieren **an die Anleitung**.

2 Du **hältst dich** beim Experimentieren **an die Regeln im Fachraum**.

3 Du experimentierst **vorsichtig** und **sorgfältig**.

4 Du **passt** auf dich und andere Personen **auf**.

5 Beim Experimentieren schreibst du ganz genau mit, was passiert.

6 Das nennen wir eine **Beobachtung aufschreiben**.

Beobachtungen:

· *Das Ei im Salzwasser schwimmt oben.*

· *Das Ei im Leitungswasser geht unter.*

mit Salz   ohne Salz

 Nach dem Experimentieren

▶ Lese-Profi S. 132

1 Nach dem Experimentieren **fragst** du deine **Lehrkraft**,

2 **wo** du die **Materialien** und den **Müll hinbringen** sollst.

3 Dann **räumst** du deinen Platz **auf**.

4 Danach **liest** du deine **Beobachtungen**.

5 Auch deine **Frage** und deine **Vermutungen liest** du erneut.

6 Mithilfe der Beobachtungen **überprüfst** du deine **Vermutungen**:

7 Welche Vermutungen stimmen?

8 Welche Vermutungen stimmen nicht?

9 Am Ende **beantwortest** du die **Frage** vom Anfang.

10 Das nennen wir eine **Auswertung schreiben**.

Auswertung:

Annas und Lauras Vermutungen stimmen:
Das eine Ei schwimmt oben und das andere Ei geht unter, weil sie sich in unterschiedlichen Flüssigkeiten befinden. Das Ei schwimmt oben, wenn es in Salzwasser liegt.

Toms Vermutung muss noch überprüft werden. Ob sie stimmt oder falsch ist, wissen wir noch nicht.

1 Schau dir das Bild an.
Überlege dir zwei Fragen zum Erforschen und schreibe sie auf.

_____

_____

_____

_____

_____

2 Robis Experiment

a) Was macht Robi falsch?
Finde die Fehler und
kreise sie ein.

Tipp
Lies dir die _Regeln im
Fachraum_ auf Seite 7
durch.

b) Was kann Robi
besser machen?
Sprecht zu zweit.

Die Magnete entdecken

Sam und Magnus wetten.

Magnus denkt nach.

Magnus hat eine Idee.

1 Der Schlüssel im Glas.

👁 **a)** Schaut euch den Comic zusammen an.

💬 **b)** Sprecht zu zweit. Wie könnte Magnus den Schlüssel bewegen?

🗪 **c)** Besprecht eure Ideen in der Klasse.

**Magnus verschwindet kurz.
Er kommt nach ein paar Minuten wieder.
Magnus hält einen Stab an das Glas.**

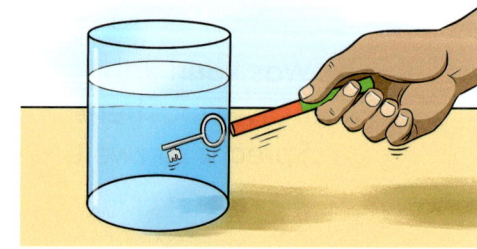

🗪 **2** Was könnte der Stab sein?
Sprecht über eure Ideen.

📖 Die Magnete

▶ Lese-Profi S. 132

1 Der Stab in Magnus' Hand ist ein **Magnet**.

2 Mit den Magneten können wir **magnetische Dinge festhalten**.

3 Das nennen wir die **Anziehung**.

4 Magnete ziehen die **Metalle Eisen**, **Kobalt** und **Nickel** an.

5 Diese Metalle sind **magnetisch**.

6 Magnete finden wir überall im **Alltag**.

7 Zum Beispiel **am Kühlschrank**.

8 Manchmal sind sie auch versteckt.

9 Zum Beispiel **in Lautsprechern** und **Mikrofonen**.

10 Magnete werden auch **in manchen Elektromotoren** eingebaut.

11 Elektromotoren kannst du in **Ventilatoren** oder **E-Rollern** finden.

12 Manche Magnete sind **sehr stark**.

13 Ein **Magnetkran** kann sogar Autos hochheben.

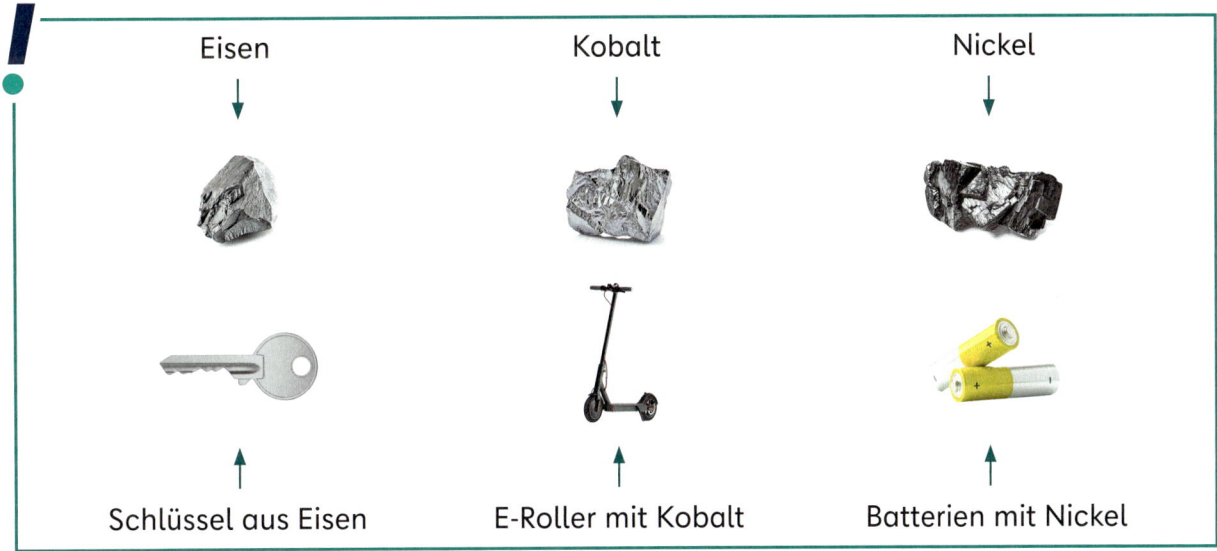

Eisen	Kobalt	Nickel
↓	↓	↓
↑	↑	↑
Schlüssel aus Eisen	E-Roller mit Kobalt	Batterien mit Nickel

✏️ **3** Kennst du noch mehr Magnete aus deinem Alltag? Schreibe deine Ideen auf.

Welche Gegenstände sind magnetisch?

Aufräumen mit Magneten ist einfach.
Toni sammelt mit einem Magnet
die Büroklammern ein.

1 Hast du mal probiert, mit einem Magnet
verschiedene Gegenstände
einzusammeln?
Kannst du mit einem Magnet
alle Gegenstände einsammeln?
Sprecht in der Klasse.

▶ Experimentier-Profi S. 133

Aktiv: Magnetisch oder nicht magnetisch?

Das brauchst du: einen Magnet, einen Holzlöffel,
einen Metalllöffel, eine Büroklammer, eine Schraube, ein Blatt Papier,
ein Glas.

a) Halte den Magnet an die Gegenstände.

b) Wird der Gegenstand vom Magnet angezogen oder nicht?
Kreuze die passende Spalte in der Tabelle an.

c) Suche zwei weitere Gegenstände in deinem Klassenraum.
Schreibe sie in die Tabelle und halte sie an den Magnet.
Kreuze die passende Spalte in der Tabelle an.

Gegenstand	wird angezogen	wird nicht angezogen
Holzlöffel	☐	☐
Metalllöffel	☐	☐
Büroklammer	☐	☐
Schraube	☐	☐
Blatt Papier	☐	☐
Glas	☐	☐
	☐	☐
	☐	☐

d) Woraus bestehen die Gegenstände,
die von einem Magnet angezogen werden?
Sprecht in der Klasse.

Welche Gegenstände sind magnetisch?

▶ Lese-Profi S. 132

📖 **Welche Gegenstände sind magnetisch?**

1 Gegenstände, die **von einem Magnet angezogen werden**, sind **magnetisch**.   ▶ 📱 Video

2 Diese Gegenstände enthalten die **Metalle Eisen**, **Kobalt** oder **Nickel**.

3 Eine Büroklammer oder eine Schraube aus Eisen sind also magnetisch.

4 Gegenstände, die **nicht von einem Magnet angezogen werden**,

5 sind **nicht magnetisch**.

6 Diese Gegenstände sind zum Beispiel aus **Plastik**, **Papier**, **Holz** oder **Glas**.

✏️ **2** Welche Gestände sind magnetisch? Schreibe es in die Lücke.

Gegenstände aus _____

_____ sind magnetisch.

▶ Experimentier-Profi S. 133

🧪 **Aktiv: Ein magnetischer Wettlauf gegen die Zeit!**

Das brauchst du: einen Magnet.

Die Magnet-Superheldin Malia braucht deine Hilfe. Um die Welt zu retten, braucht sie so viele magnetische Gegenstände wie nur möglich! Du hast 15 Minuten Zeit, ihr bei der Suche zu helfen.

✋ **a)** Halte den Magnet an verschiedene Gegenstände. Sind die Gegenstände magnetisch oder nicht?

✏️ **b)** Trage alle magnetischen Gegenstände in eine Liste ein.

- *Büroklammer*
- *1–€–Münze*
- *...*

✏️ **c)** Zähle, wie viele magnetische Gegenstände du gefunden hast. Schreibe deine Zahl in die Lücke.

Ich habe _____ magnetische Gegenstände gefunden.

💬 **d)** Sprecht über eure Ergebnisse in der Klasse. Wer hat die meisten magnetischen Gegenstände gefunden? Wie viele magnetische Gegenstände habt ihr insgesamt gefunden?

Wie funktionieren Magnete?

▶ Experimentier-Profi S. 133

Aktiv: Gleich und gleich

Das brauchst du: zwei Stabmagnete.

🖐 **a)** Versuche, die Enden beider Magnete aneinanderzuhalten.

✏ **b)** Was passiert? Schreibe es auf.

Die beiden Magnete _____

🖐 **c)** Drehe nun einen Magnet um.

✏ **d)** Was passiert nun? Schreibe es auf.

Die beiden Magnete _____

Ein Magnet hat Pole

▶ Lese-Profi S. 132

1 Ein Magnet hat **zwei Enden**.

2 Diese Enden nennen wir die **Pole**.

3 Ein Magnet hat einen **Nordpol (N)**

4 und einen **Südpol (S)**.

5 Der **Nordpol** und der **Südpol ziehen sich an**.

6 Zwei **gleiche Pole stoßen sich ab**.

✏ **1** Die Magnete sollen sich anziehen.

Schreibe S (für Südpol) und N (für Nordpol) an die richtigen Pole.
Male alle Nordpole in einer Farbe deiner Wahl an.
Male alle Südpole in einer anderen Farbe an.

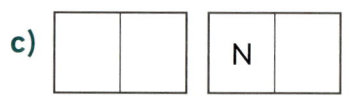

✏ **2** Die Magnete sollen sich abstoßen.

Schreibe S (für Südpol) und N (für Nordpol) an die richtigen Pole.
Male alle Nordpole in einer Farbe deiner Wahl an.
Male alle Südpole in einer anderen Farbe an.

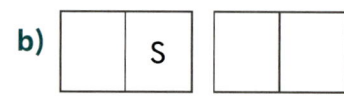
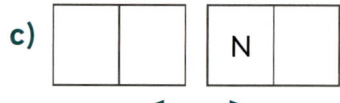

3 Verschiedene Magnete

👁 **a)** Schau dir die Bilder an.

👁 **b)** Lies dir die Namen durch.

→ Hufeisenmagnet • Scheibenmagnet • Stabmagnet

💬 **c)** Welcher Name passt zu welchem Magnet? Überlegt zu zweit.

✏ **d)** Schreibe die passenden Namen unter die Magnete.

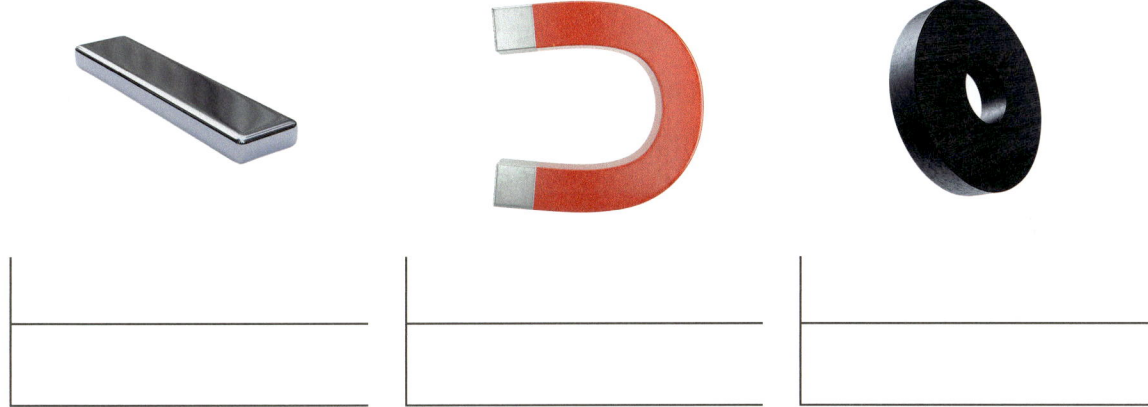

▶ **Experimentier-Profi S. 133**

Aktiv: Die Pole entdecken

Das brauchst du: zwei Stabmagnete, zwei Hufeisenmagnete, zwei Scheibenmagnete.

✋ **a)** Untersuche die verschiedenen Magnete. Findest du die Pole?

✏ **b)** Male den Nordpol rot und den Südpol grün an.

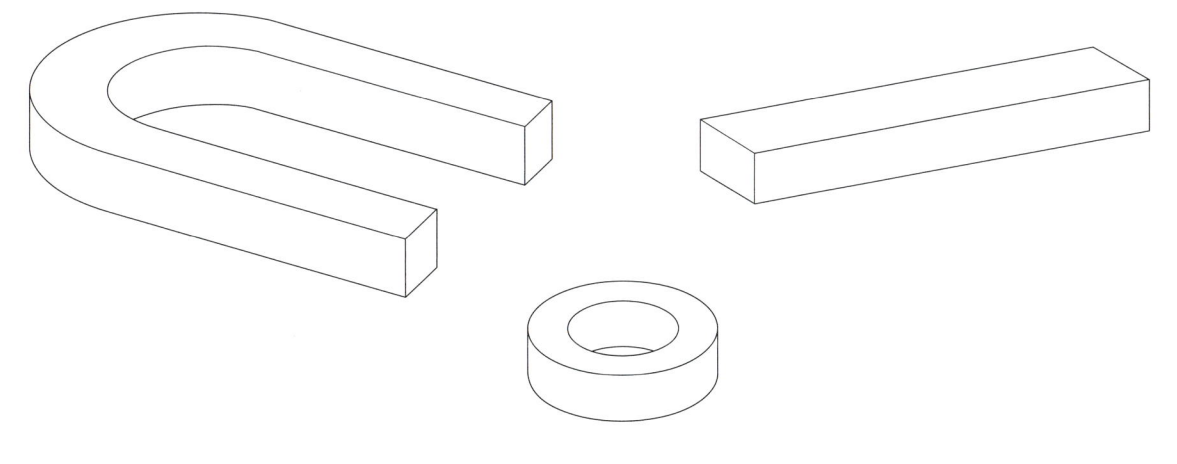

Aktiv: Das Magnetfeld untersuchen

1 Wie weit reicht die Anziehung von einem Magnet? Experimentier-Profi S. 133
Das brauchst du: eine Büroklammer, einen Magnet.

a) Lege die Büroklammer und den Magnet weit weg voneinander auf den Tisch.

b) Bewege den Magnet ganz langsam zu der Büroklammer hin.

c) Ab wann wird die Büroklammer vom Magnet angezogen? Sprecht in der Klasse.

Ein unsichtbares Feld
▶ Lese-Profi S. 132

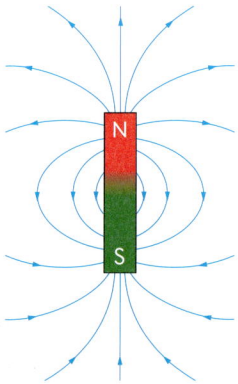

1 Die Anziehung von einem Magnet reicht nicht unendlich weit.

2 Der Bereich, in dem ein Magnet funktioniert,

3 nennen wir das Magnetfeld.

4 Wir können das Magnetfeld nicht sehen.

5 Wir stellen uns das Magnetfeld als Linien vor.

6 Diese Linien nennen wir die Feldlinien.

7 Die Feldlinien zeichnen wir vom Nordpol zum Südpol.

8 Direkt an den Polen ist das Magnetfeld am stärksten.

2 Das Magnetfeld sichtbar machen ▶ Experimentier-Profi S. 133

Das braucht ihr: ein Blatt Papier, einen Stabmagnet, Bücher, Eisenspäne.

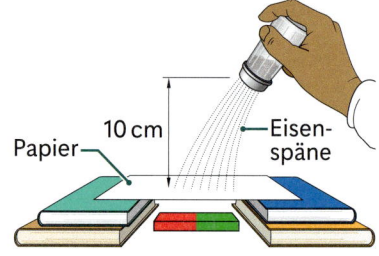

Papier — 10 cm — Eisenspäne

a) Legt das Blatt Papier über den Magnet.
Tipp: Benutzt Bücher, damit das Papier gerade über dem Magnet liegt.

b) Streut die Eisenspäne auf das Blatt Papier.

c) Schüttelt das Papier ganz vorsichtig.

d) Was siehst du auf dem Blatt Papier? Zeichne es in den Kasten.

▶ Video

Aktiv: Das Magnetfeld untersuchen

Du hast schon festgestellt, dass das Magnetfeld durch das Papier durchgeht. Finde heraus, wo es noch durchgeht.

3 Die Durchdringung von einem Magnet untersuchen ▶ Experimentier-Profi S. 133

Das braucht ihr: ein Stück Klebeband, einen Magnet, einen 10 cm langen Faden, eine Büroklammer, einen Bastelkarton, ein Glas, ein Holzbrett, eine Klarsichtfolie, einen Porzellanteller.

a) Klebt den Magnet auf den Tisch.

b) Bindet den Faden an die Büroklammer.

c) Ein Kind hält die Büroklammer so nah über den Magnet, bis sie vom Magnet angezogen wird.

d) Das andere Kind hält den Bastelkarton zwischen die Büroklammer und den Magnet.

Faden — Büro-klammer
Karton
Magnet

e) Wird die Büroklammer immer noch vom Magnet angezogen? Schreibe „Ja" oder „Nein" in die Tabelle.

f) Wiederholt die Schritte **c)** bis **e)** mit den anderen Materialien (Glas, Holzbrett, Klarsichtfolie, Porzellanteller).

Material	Wird die Büroklammer immer noch angezogen?
Bastelkarton	
Glas	
Holzbrett	
Klarsichtfolie	
Porzellanteller	

g) Welcher Satz stimmt? Kreuze den richtigen Satz an.

☐ Das Magnetfeld geht durch alle Materialien gleich gut durch.

☐ Das Magnetfeld geht nicht durch alle Materialien gleich gut durch.

▶ Video

Wie funktioniert ein Kompass?

📖 Der Kompass

▶ Lese-Profi S. 132

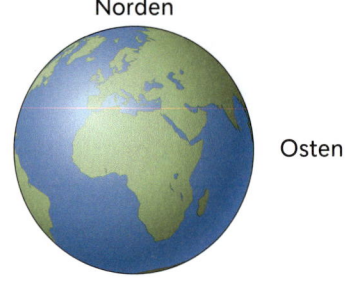

1 Ein **Kompass** ist ein einfaches Gerät.

2 Er **hilft uns bei der Orientierung**.

3 Auf einem Kompass sind **vier Richtungen** zu sehen.

4 Die vier Richtungen sind **Norden (N)**, **Osten (O)**,

5 **Süden (S) und Westen (W)**.

6 Wir nennen diese Richtungen

7 die **Himmelsrichtungen**.

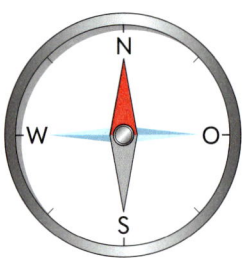

8 Ein Kompass hat in der Mitte eine **kleine Nadel**.

9 Wir nennen diese Nadel die **Kompassnadel**.

10 Die Nadel **zeigt immer in den Norden zum Nordpol**.

11 Mithilfe der Nadel kannst du dich **orientieren**.

12 Wenn du weißt, wo Norden ist,

13 dann findest du auch die anderen Himmelsrichtungen.

🖊 **1** Schreibe die richtige Himmelsrichtung in die Lücke.

Ein Kompass hilft mir, den richtigen Weg zu finden.

Die Nadel von einem Kompass zeigt immer nach _____.

📖 Das Magnetfeld der Erde

▶ Lese-Profi S. 132

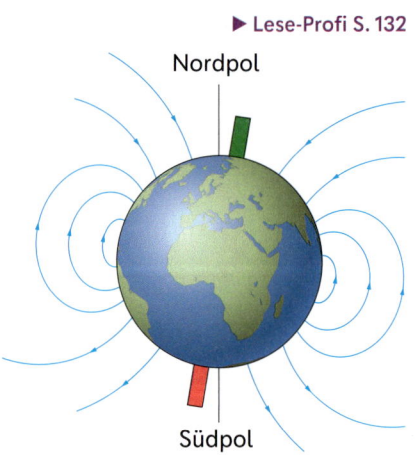

1 Die **Kompassnadel** zeigt zum Nordpol,

2 weil sie **magnetisch** ist.

3 Die Nadel wird von einem **großen Magnet**

4 **im Inneren der Erde** angezogen.

5 Der Magnet in der Erde hat **zwei Pole**.

6 Diese Pole sind **am Nordpol** und **am Südpol der Erde**.

7 Der Magnet in der Erde hat auch ein **Magnetfeld**.

🖊 **2** Wovon wird die Kompassnadel angezogen? Schreibe es in die Lücke.

Die Kompassnadel wird von _____ angezogen.

💬 **3** Wie hilft dir ein Kompass, den richtigen Weg zu finden?
Sprecht in der Klasse.

Lexikon & Quiz

  4 Mit Pirat Nordi auf Schatzsuche

Der Pirat Nordi braucht eure Hilfe.
Er ist auf der Suche nach seinem Schatz.
Zum Glück hat Nordi einen Kompass dabei.
Aber wie benutzt man einen Kompass eigentlich?
Könnt ihr Nordi helfen?

Das braucht ihr: einen Kompass, einen Magnet.

 a) Überprüft zunächst, ob eure Kompassnadel
wirklich funktioniert.
Haltet dafür einen Magnet an den Kompass.
Bewegt sich die Nadel zum Magnet?
Ja? Dann könnt ihr Nordi helfen!

Nordi hat seine Schatzkarte im Norden vom Klassenzimmer vergessen.
Helft Nordi, in den Norden zu kommen!

 b) Schaut euch den Kompass an.
Dreht den Kompass so, dass die rote Nadel auf das „N" zeigt.
Lauft dann in den Norden vom Klassenzimmer.

Perfekt! Nordi hat seine Schatzkarte gefunden.
Der Schatz ist im Süden vergraben.
Helft Nordi, in den Süden zu kommen!

 c) Schaut euch den Kompass an.
Dreht den Kompass so, dass die rote Nadel auf das „N" zeigt.
Lauft dann in den Süden vom Klassenzimmer.

Super! Nordi hat seinen Schatz gefunden.
Jetzt muss er ihn nur noch zu seinen
Freundinnen und Freunden in den Osten bringen.
Helft Nordi, in den Osten zu kommen!

 d) Schaut euch den Kompass an.
Dreht den Kompass so,
dass die rote Nadel auf das „N" zeigt.
Lauft dann in den Osten vom Klassenzimmer.

Alles erledigt!
Danke, dass du Nordi geholfen hast ☺

☺ Das kann ich!

✏ **1** Wo werden Magnete im Alltag genutzt? Schreibe ein Beispiel auf.

_____

_____

✎ **2** Welche Metalle ziehen die Magnete an? Kreuze die richtigen Metalle an.

☐ Eisen   ☐ Gold

☐ Aluminium   ☐ Nickel

☐ Kobalt   ☐ Silber

✂✏ **3** Welche Gegenstände sind magnetisch?
Welche Gegenstände sind nicht magnetisch? Verbinde.

| eine 1-€-Münze | •
| eine Plastikflasche | •   • magnetisch
| ein Buch | •
| ein Magnet | •   • nicht magnetisch
| ein Notizzettel | •

✎ **4** Stoßen sich die Magnete ab oder ziehen sich die Magnete an? Kreuze an.

	Die Magnete stoßen sich ab.	Die Magnete ziehen sich an.
S N S N	☐	☐
N S N S	☐	☐
S N N S	☐	☐
N S S N	☐	☐

5 Schreibe die passenden Wörter in die Lücken.

→ Magnetfeld • Nordpol • Feldlinien

Der Bereich, in dem ein Magnet etwas anzieht, heißt _____ .

Wir stellen uns das Magnetfeld als Linien vor.

Diese Linien nennen wir _____ .

Am _____ und am Südpol von einem Magnet ist

das Magnetfeld am stärksten.

6 Löse das Kreuzworträtsel.

1. Der Kompass hilft uns bei der …
2. Die … sind Norden, Osten, Süden und Westen.
3. Die Nadel von einem Kompass zeigt immer nach …
4. Die Erde hat im Inneren einen großen …

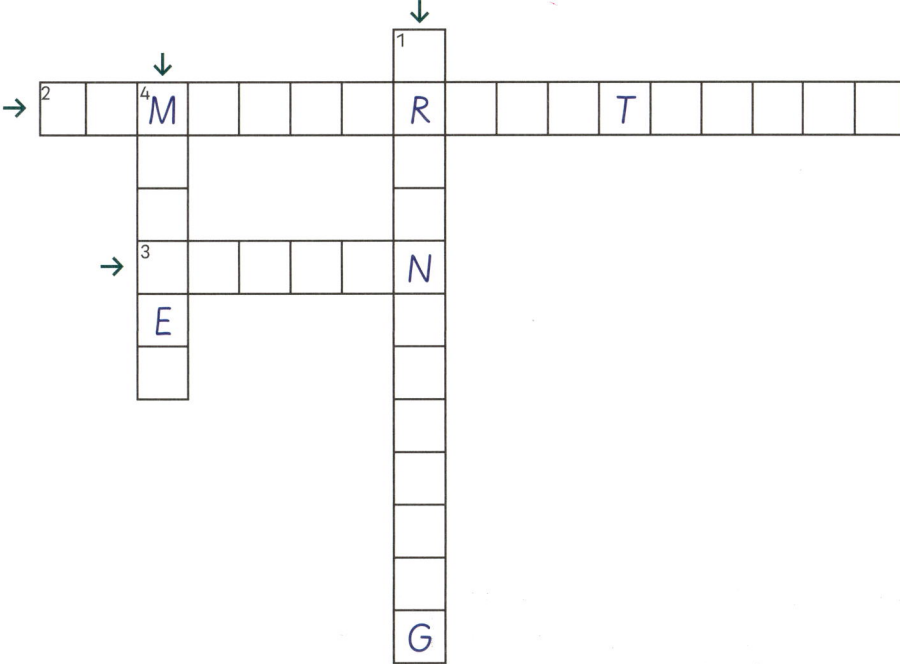

7 **a)** Überprüfe deine Antworten.

   b) Schätze dich selbst ein. Male dazu 1, 2 oder 3 Smileys aus.

| **So gut kenne ich mich mit den Magneten aus:** | |

Den elektrischen Strom entdecken

1 **a)** Stell dir vor, du machst Urlaub auf einer einsamen Insel.
Was würdest du mitnehmen? Schreibe es auf.

b) Benötigst du für deine Sachen elektrischen Strom? Kreuze an.

☐ Ja   ☐ Nein

2 Geh in Gedanken durch deinen Klassenraum und deine Schule.
Wofür benötigt ihr elektrischen Strom? Sprecht in der Klasse.

3 Wofür brauchst du zu Hause
elektrischen Strom?
Schreibe eine Liste auf ein Blatt Papier.

> *Ich brauche Strom für …*
> *… meine Nachttischlampe,*
> *… mein Smartphone,*
> *…*

4 Welche Dinge in der Küche brauchen elektrischen Strom? Kreise sie ein.

📖 Strom begegnet uns häufig im Alltag

▶ Lese-Profi S. 132

1 Ein Leben **ohne elektrischen Strom** ist für uns **undenkbar**.

2 Wir brauchen elektrischen Strom zum Beispiel **zu Hause** oder **in der Schule**.

3 Ohne elektrischen Strom funktionieren die **Lichter** und der **Staubsauger** nicht.

4 Der **Computer** bleibt ausgeschaltet und das **Smartphone** wird nicht aufgeladen.

5 In **Krankenhäusern** helfen elektrische Geräte kranken Menschen beim Überleben.

6 Viele **Züge** und alle **Straßenbahnen** können nur mit elektrischem Strom fahren.

7 Auch **Autos** und **Fahrräder** nutzen elektrischen Strom.

In der Vergangenheit hatten die Menschen keinen elektrischen Strom.
Viele Dinge aus der Vergangenheit wurden durch elektrische Geräte ersetzt.

5 **a)** Manchmal haben wir die Wahl:
Möchten wir etwas mit elektrischem Strom machen oder nicht?
Verbinde die passenden Bilder miteinander.

b) Kennst du weitere Dinge, die es in elektrisch und nicht elektrisch gibt?
Schreibe ein Beispiel auf.

Der elektrische Stromkreis

▶ Experimentier-Profi S. 133

Aktiv: Wann leuchtet die Lampe?

Das braucht ihr: eine 4,5-V-Flachbatterie, eine 3,5-V-Lampe.

👁 **a)** Schaut euch die drei Experimente in den Bildern an.

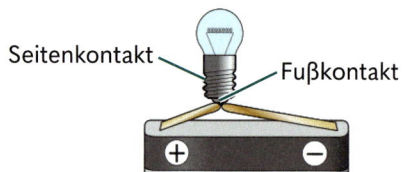
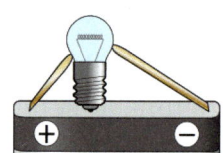

Seitenkontakt · Fußkontakt

✋ **b)** Führt die drei Experimente in den Bildern durch.

✏ **c)** Leuchtet die Lampe?
Trage „Ja" oder „Nein" in die Beobachtungstabelle ein.

Experiment 1	Experiment 2	Experiment 3
_____	_____	_____

✖✏ **d)** Wann leuchtet die Lampe?
Kreuze die richtige Aussage an.

☐ Wenn beide Enden von der Batterie den gleichen Kontakt berühren.

☐ Wenn beide Enden von der Batterie die Lampe am Glas berühren.

☐ Wenn beide Enden von der Batterie jeweils einen Kontakt berühren.

📖 Der Stromkreis

▶ Lese-Profi S. 132

▶ 🖥 Video

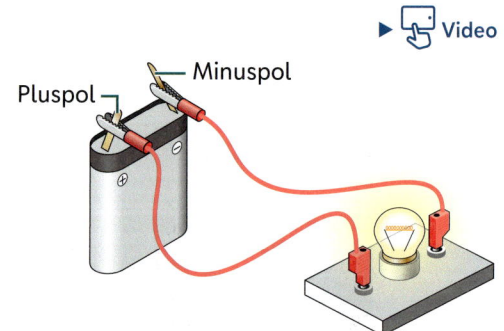

Pluspol · Minuspol

1 Die **Batterie** liefert uns elektrischen Strom.

2 Sie ist eine **Stromquelle**.

3 Die **Enden einer Batterie** nennen wir die **Pole**.

4 Eine Batterie hat immer einen **Pluspol**

5 und einen **Minuspol**.

6 Der Strom **verlässt den einen Pol**.

7 Dann **fließt** der Strom **durch die Lampe**.

8 Danach **kommt** der Strom **am anderen Pol an**.

9 Der **Strom fließt** also immer **von einem Pol zum anderen Pol**.

10 Das nennen wir einen **geschlossenen Stromkreis**.

11 Nur bei einem geschlossenen Stromkreis **leuchtet die Lampe**.

Lexikon & Quiz 🖥

Aktiv: Wir bauen einen Stromkreis

🧪 👥 **1** Die Stromkreise entdecken ▶ **Experimentier-Profi S. 133**

Das braucht ihr: eine 4,5-V-Flachbatterie,
eine 3,5-V-Lampe, eine Fassung für die Lampe, zwei Kabel. ▶ 🖱 Video

👁 **a)** Schaut euch das Bild an.

✋ **b)** Baut den Stromkreis aus dem Bild nach.
Achtung: Die Lampe baut ihr als Letztes ein.

✏ **c)** Leuchtet die Lampe?
Kreuze deine Beobachtung an.

☐ Ja   ☐ Nein

✏ **d)** Kreuze die passende Antwort an.

Das ist so, weil der elektrische Strom …

☐ … durch die Lampe fließt. Der Stromkreis ist geschlossen.

☐ … nicht durch die Lampe fließt. Der Stromkreis ist nicht geschlossen.

✋ **e)** Baut die Lampe wieder aus.

👁 **f)** Schaut euch das Bild an.

✋ **g)** Baut den Stromkreis aus dem Bild nach.
Achtung: Die Lampe baut ihr als Letztes ein.

✏ **h)** Leuchtet die Lampe?
Kreuze deine Beobachtung an.

☐ Ja   ☐ Nein

✏ **i)** Kreuze die passende Antwort an.

Das ist so, weil der elektrische Strom …

☐ … durch die Lampe fließt. Der Stromkreis ist geschlossen.

☐ … nicht durch die Lampe fließt. Der Stromkreis ist nicht geschlossen.

✏ **j)** Kreuze die passende Antwort an.

☐ Es ist wichtig, dass die Kabel nicht überkreuz sind. Nur dann leuchtet
die Lampe.

☐ Es ist wichtig, dass die Kabel überkreuz sind. Nur dann leuchtet die Lampe.

☐ Es ist egal, ob die Kabel überkreuz sind oder nicht.
Die Lampe leuchtet in beiden Experimenten.

Die Schalter

1 **a)** Findest du alle elektrischen Geräte in Karlas Zimmer? Kreise sie ein.

b) Was haben diese elektrischen Geräte gemeinsam?
Sprecht in der Klasse.

2 Schreibe drei weitere elektrische Geräte mit einem Schalter auf.

_____

_____

_____

Geschlossene und unterbrochene Stromkreise

▶ Lese-Profi S. 132

1 Ein **Schalter verbindet zwei Punkte in einem Stromkreis.**

2 Diese Punkte nennen wir auch **Kontakte.**

3 Wenn ein Schalter benutzt wird,

4 dann **fließt der elektrische Strom zwischen den Kontakten.**

5 Wir sagen, der **Stromkreis ist geschlossen.**

6 Wenn ein Schalter noch mal benutzt wird,

7 dann **fließt kein elektrischer Strom mehr zwischen den Kontakten.**

8 Wir sagen, der **Stromkreis ist unterbrochen.**

9 **Mit einem Schalter** kannst du einen **Stromkreis schließen oder unterbrechen.**

Die Schalter

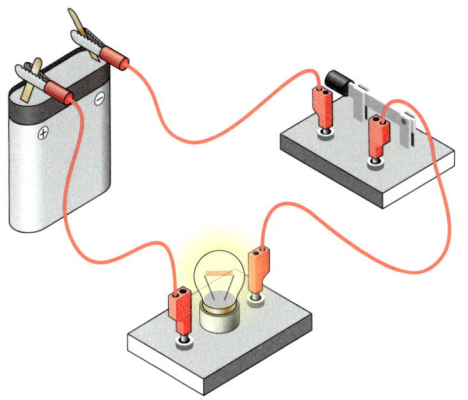

Der geschlossene Stromkreis

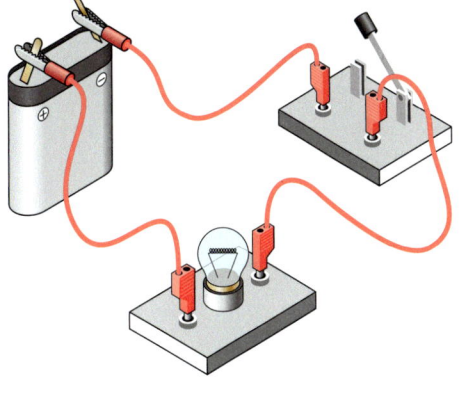

Der unterbrochene Stromkreis

▶ Experimentier-Profi S. 133

Aktiv: Wir bauen einen Stromkreis mit einem Schalter

Das braucht ihr: eine 4,5-V-Flachbatterie, eine 3,5-V-Lampe, eine Fassung für die Lampe, drei Kabel, einen Schalter.

a) Schaut euch das Bild an.

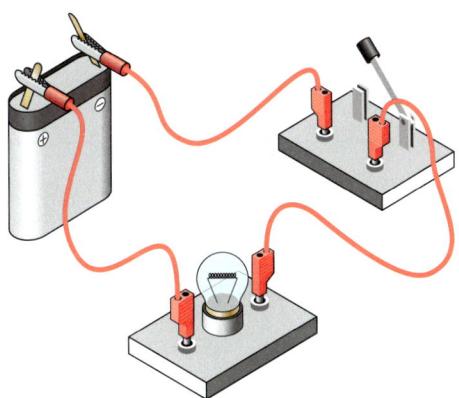

b) Baut den Stromkreis aus dem Bild nach.

c) Drückt den Schalter runter. Schreibe deine Beobachtung auf.

d) Ist der Stromkreis unterbrochen oder geschlossen? Schreibe es auf.

Der Stromkreis ist

e) Drückt den Schalter hoch. Schreibe deine Beobachtung auf.

f) Ist der Stromkreis unterbrochen oder geschlossen? Schreibe es auf.

Der Stromkreis ist

Aktiv: Zwei Arten von Schaltungen

🧪 👥 **Das braucht ihr:** eine 4,5-V-Flachbatterie, zwei 3,5-V-Lampen, zwei Fassungen für die Lampen, drei Kabel.

▶ Experimentier-Profi S. 133

▶ 📱 Video

👁 **1** Schaut euch das Bild an.

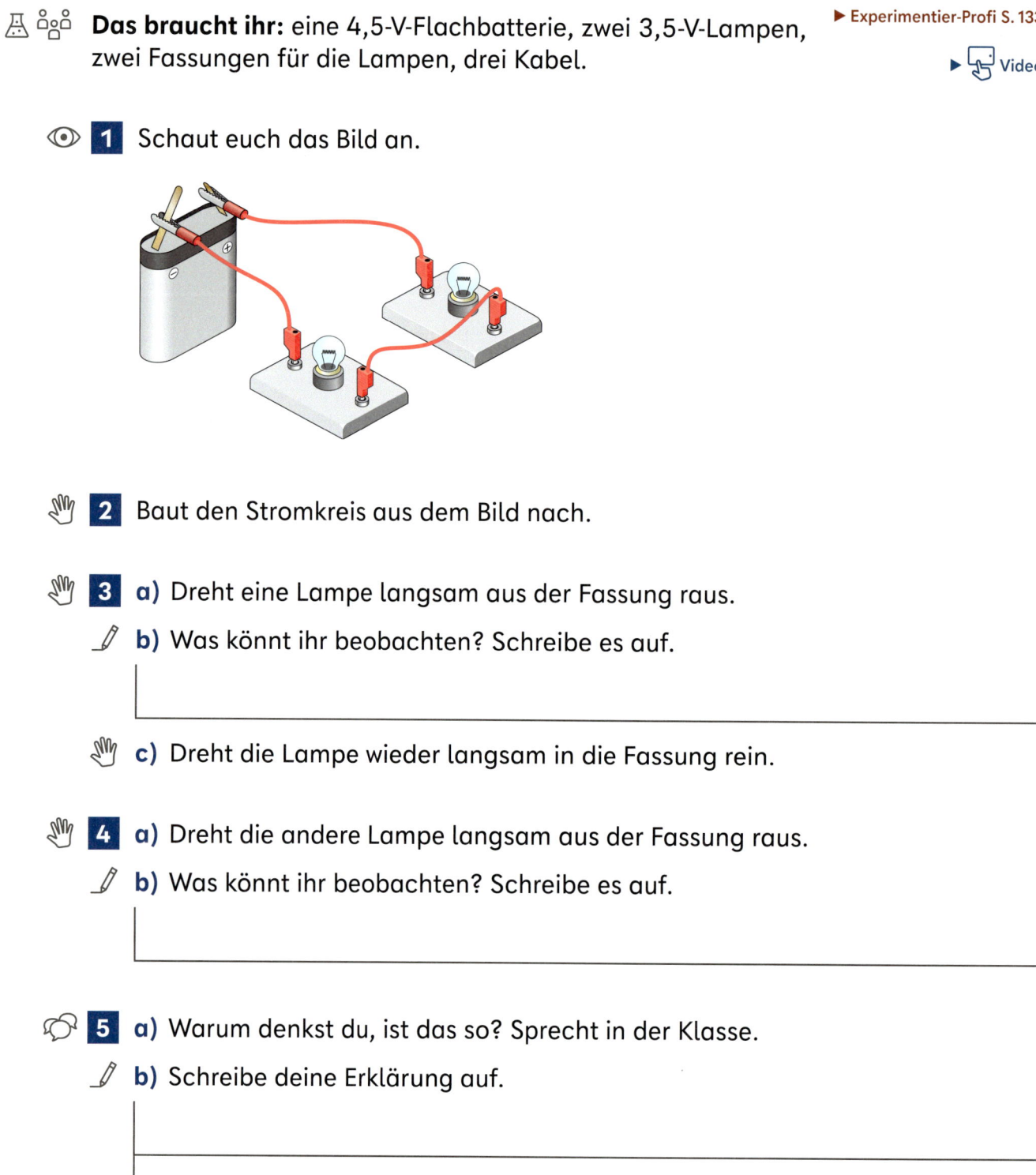

✋ **2** Baut den Stromkreis aus dem Bild nach.

✋ **3** **a)** Dreht eine Lampe langsam aus der Fassung raus.

✏ **b)** Was könnt ihr beobachten? Schreibe es auf.

✋ **c)** Dreht die Lampe wieder langsam in die Fassung rein.

✋ **4** **a)** Dreht die andere Lampe langsam aus der Fassung raus.

✏ **b)** Was könnt ihr beobachten? Schreibe es auf.

💬 **5** **a)** Warum denkst du, ist das so? Sprecht in der Klasse.

✏ **b)** Schreibe deine Erklärung auf.

Den aufgebauten Stromkreis nennen wir eine Reihenschaltung.
In einer Reihenschaltung sind alle Lampen nacheinander in einem Kreis
mit der Batterie verbunden.
Der elektrische Strom kann also nur einen Weg nehmen.
Wenn eine Lampe ausfällt, dann leuchtet die andere Lampe auch nicht mehr.

▶ Experimentier-Profi S. 133

Das braucht ihr: eine 4,5-V-Flachbatterie, zwei 3,5-V-Lampen, zwei Fassungen für die Lampen, vier Kabel.

 ▶ Video

1 Schaut euch das Bild an.

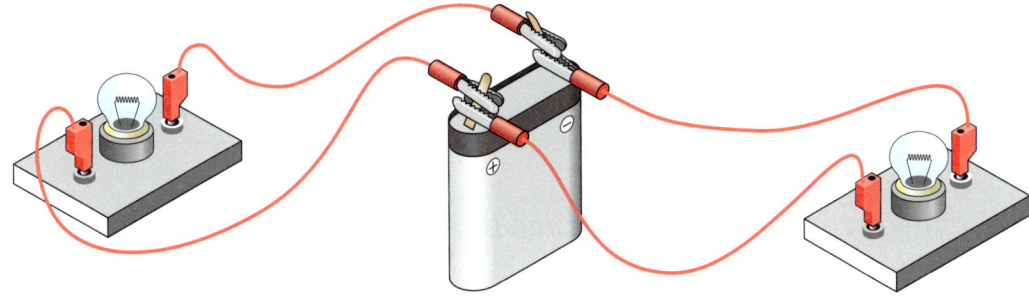

2 Baut den Stromkreis aus dem Bild nach.

3 **a)** Dreht die erste Lampe langsam aus der Fassung raus.

b) Was könnt ihr beobachten? Schreibe es auf.

c) Dreht die erste Lampe wieder langsam in die Fassung rein.

4 **a)** Dreht die zweite Lampe langsam aus der Fassung raus.

b) Was könnt ihr beobachten? Schreibe es auf.

5 **a)** Warum denkst du, ist das so? Sprecht in der Klasse.

b) Schreibe deine Erklärung auf.

Die aufgebaute Schaltung nennen wir eine **Parallelschaltung**.
In einer Parallelschaltung bildet **jede Lampe einen eigenen Kreis**
mit der Batterie.
Der elektrische Strom kann also **mehrere Wege** nehmen.
Wenn eine Lampe ausfällt, dann leuchtet die andere Lampe immer noch.

Lexikon & Quiz

Die Schaltzeichen entdecken

Elektrische Bauteile werden durch einfache **Schaltzeichen** dargestellt.
Mit den Schaltzeichen können wir elektrische Bauteile in einen Plan zeichnen.
Wir nennen diesen Plan einen Schaltplan.

👁 **1** **a)** Schau dir die Tabelle an.

> **Tipp**
> In der Tabelle siehst du das elektrische Bauteil mit dem passenden Schaltzeichen.

✏ **b)** Schreibe zu jedem Schaltzeichen den richtigen Namen in die Tabelle.

→ offener Schalter • geschlossener Schalter • Batterie • Lampe • Kabel

Elektrisches Bauteil	Schaltzeichen	Name vom Bauteil
	————	————
	⊗	————
	Minuspol ⊣⊢ Pluspol	————
	⟋	————
		————

Hier siehst du einen Schaltplan mit Schaltzeichen.

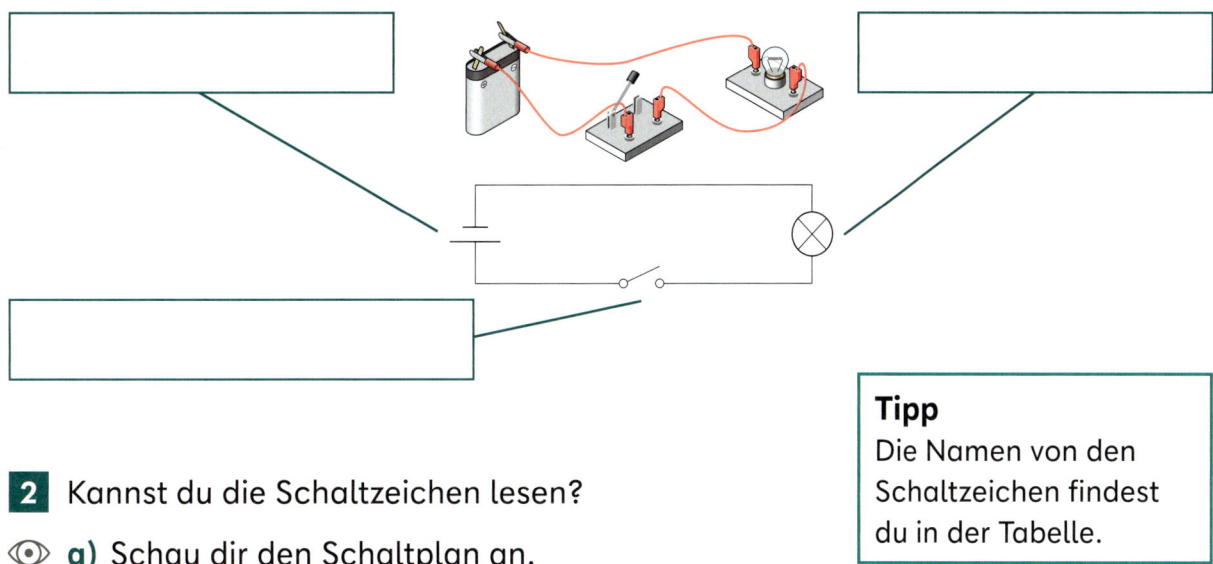

2 Kannst du die Schaltzeichen lesen?

👁 **a)** Schau dir den Schaltplan an.

✏ **b)** Schreibe die Namen von den Schaltzeichen in die Kästchen.

💬 **c)** Welche Bauteile braucht ihr für den Stromkreis? Sprecht in der Klasse.

✋ **d)** Baut den Schaltplan nach.

> **Tipp**
> Die Namen von den Schaltzeichen findest du in der Tabelle.

3 Mohammed hat einen Schaltplan gezeichnet.
Leider hat sich in seinem Schaltplan ein Fehler eingeschlichen.
Hilf Mohammed, den Fehler zu finden.

✏ **a)** Kreise den Fehler in beiden Bildern ein.

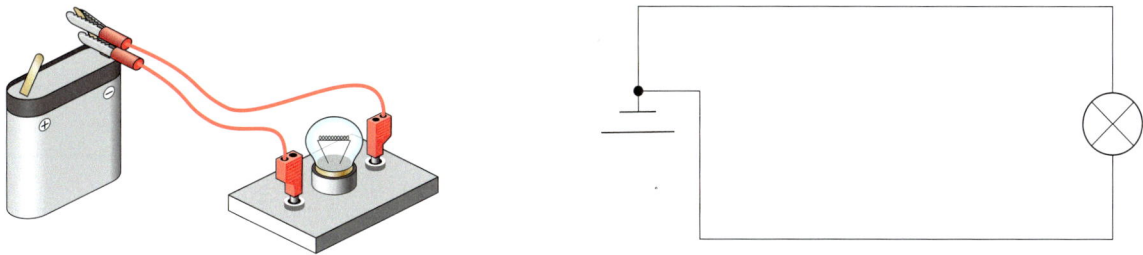

💬 **b)** Wie kann Mohammed den Fehler beheben? Sprecht in der Klasse.

✏ **c)** Zeichne den richtigen Schaltplan.

Die Leiter und die Nichtleiter

**Viele elektrische Geräte funktionieren nur mit Kabeln.
Die Kabel leiten den elektrischen Strom.**

💬 **1** **a)** Welches Material leitet den elektrischen Strom
durch das Kabel? Überlegt gemeinsam in der Klasse.

✏️ **b)** Schreibe eine Idee auf.

▶ Experimentier-Profi S. 133

🧪 👥 **Aktiv: Die Leitung von elektrischem Strom – was leitet und was leitet nicht?**

Das braucht ihr: eine 4,5-V-Flachbatterie, eine 3,5-V-Lampe,   ▶ 📲 Video
eine Fassung für die Lampe, drei Kabel, einen Plastiklöffel,
einen Holzlöffel und einen Metalllöffel.

✋ **a)** Baut den Stromkreis aus dem Bild nach.

✋ **b)** Haltet die freien Enden von den Kabeln
an den Plastiklöffel.

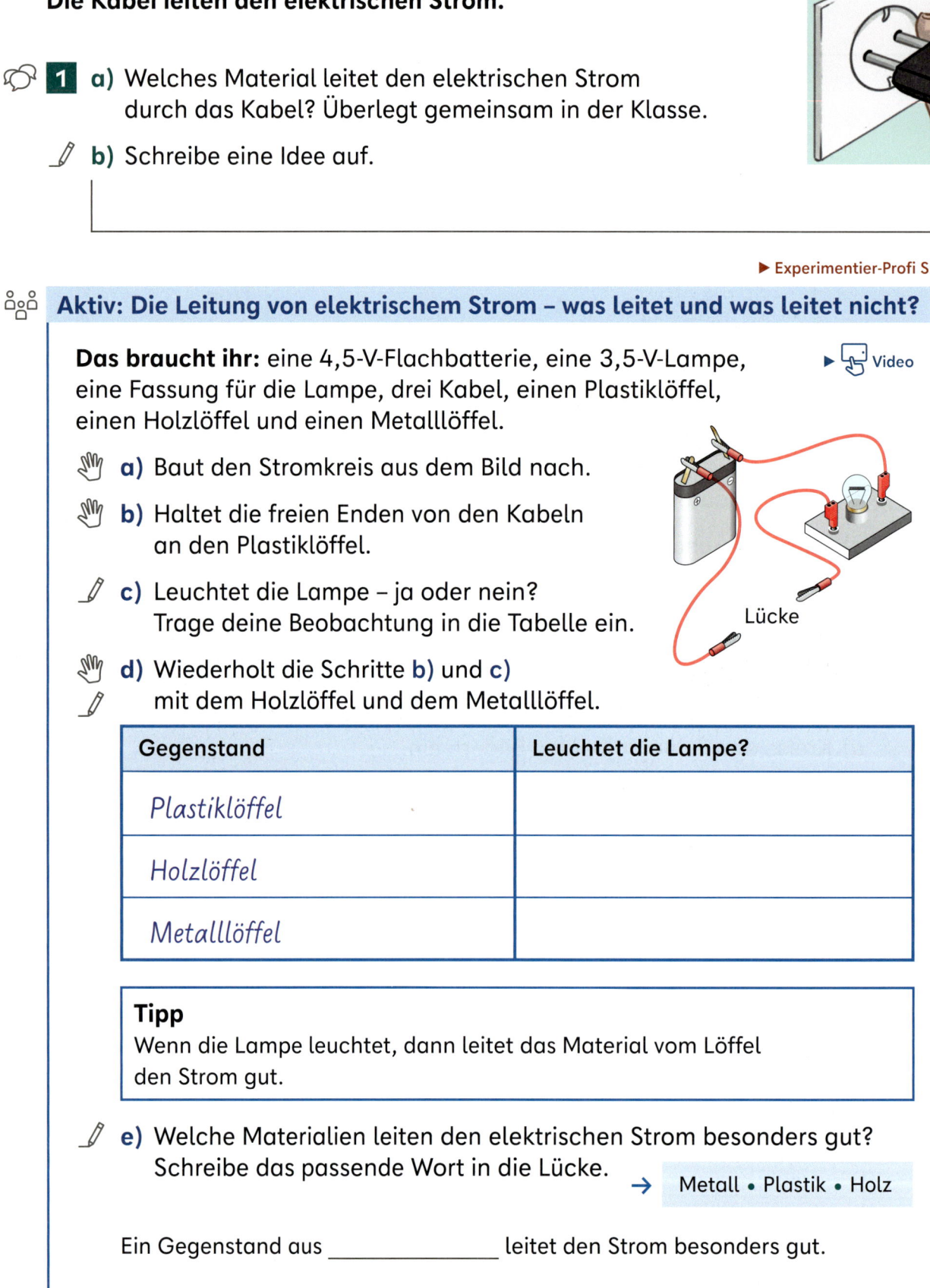

Lücke

✏️ **c)** Leuchtet die Lampe – ja oder nein?
Trage deine Beobachtung in die Tabelle ein.

✋✏️ **d)** Wiederholt die Schritte **b)** und **c)**
mit dem Holzlöffel und dem Metalllöffel.

Gegenstand	Leuchtet die Lampe?
Plastiklöffel	
Holzlöffel	
Metalllöffel	

Tipp
Wenn die Lampe leuchtet, dann leitet das Material vom Löffel
den Strom gut.

✏️ **e)** Welche Materialien leiten den elektrischen Strom besonders gut?
Schreibe das passende Wort in die Lücke.

→ Metall • Plastik • Holz

Ein Gegenstand aus _____ leitet den Strom besonders gut.

Ein Gegenstand aus _____ oder _____ leitet den Strom nicht gut.

Die Leiter und die Nichtleiter

📖 Die Leiter und die Nichtleiter

▶ Lese-Profi S. 132

1 Nicht jeder Gegenstand leitet den elektrischen Strom gleich gut.

2 Gegenstände aus Metall leiten den Strom besonders gut.

3 Wir nennen Metalle deshalb auch Leiter.

4 Metalle sind zum Beispiel Eisen, Kupfer, Gold und Silber.

5 Gegenstände aus Plastik, Holz oder Papier leiten den Strom zum Beispiel nicht gut.

6 Wir nennen Plastik, Holz und Papier deshalb auch Nichtleiter.

2 Kreise alle Gegenstände ein, die den elektrischen Strom besonders gut leiten.

3 **a)** Schaut euch die Bilder von den Kabeln an. Was fällt euch auf?
Sprecht in der Klasse.

b) Schreibe die passenden Wörter in die Lücken.   → Plastik • Kupfer

Die Kabel haben innen Drähte aus _____.

Die Kabel haben außen eine Hülle aus _____.

c) Warum sind die Drähte von einem Nichtleiter umhüllt?
Sprecht in der Klasse und schreibt eine Idee auf.

Die Drähte sind von einem Nichtleiter umhüllt, damit _____

_____

Vorsicht beim Arbeiten mit Strom!

Mike zieht mit einer Metallzange
einen Kupferdraht ohne Plastikhülle
aus seinem angeschalteten Gaming-PC.
Irgendetwas ist dabei schiefgelaufen.
Zum Glück ist Mike nichts passiert.

 **1** Was ist bei Mike passiert und warum?
Sprecht in der Klasse über eure Ideen.

📖 Die Gefahren von elektrischem Strom

▶ Lese-Profi S. 132

1 Mike hat nicht an den elektrischen Strom gedacht.

2 Er hat vergessen, dass die Metallzange und die Kupferdrähte den Strom gut leiten.

3 Das kann für uns Menschen ziemlich gefährlich werden.

4 Ein direkter Kontakt mit elektrischem Strom kann schlimme Folgen haben.

5 Es kann zum Beispiel zu schweren Verbrennungen oder zum Tod kommen.

6 Besonders gefährlich können elektrische Geräte in der Nähe von Wasser sein.

7 Denn das Wasser kann den elektrischen Strom in deinen Körper leiten.

8 Auch die Kabel an den Bahngleisen sind besonders gefährlich.

9 An gefährlichen Orten finden wir deshalb oft ein Gefahrensymbol.

10 Das Gefahrensymbol ist gelb und hat einen schwarzen Blitz in der Mitte.

> Aber keine Sorge: Elektrischer Strom ist nicht immer gefährlich!
> Die Experimente in der Schule sind zum Beispiel ungefährlich.
> Außerdem kannst du dich vor elektrischem Strom schützen.
> Mike hätte zum Beispiel seinen Gaming-PC ausstecken können.
> Wenn du dir nicht sicher bist, ob der Strom für dich gefährlich werden kann,
> dann frag eine erwachsene Person.

 **2** Was machen die Personen in den Bildern falsch?
Überlegt gemeinsam in der Klasse.

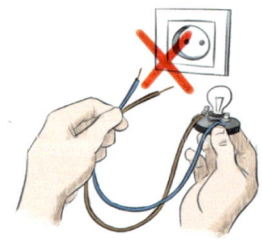
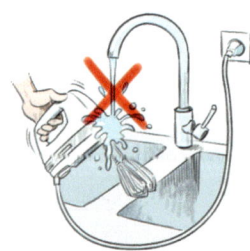

Vorsicht beim Arbeiten mit Strom!

 **Aktiv: Der sichere Umgang mit elektrischem Strom**

Das braucht ihr: ein Plakat (mind. DIN-A3), Stifte, Bilder.

a) Überlegt euch gemeinsam in der Klasse Regeln für einen sicheren Umgang mit elektrischem Strom.

> **Tipp**
> Das Bild aus Aufgabe 2 hilft euch beim Regelnaufstellen.

b) Schreibt die Regeln auf ein Plakat.

 c) Fügt Bilder oder Zeichnungen zu den Regeln hinzu.

Mike sitzt nach seinem Missgeschick im Dunkeln.
Er will das Licht wieder anschalten.
Er läuft zum Sicherungskasten.

3 Hast du eine Idee, warum es bei Mike dunkel ist? Sprecht in der Klasse.

📖 Der Sicherungskasten
▶ Lese-Profi S. 132

1 Der Strom in Mikes Zimmer ist ausgegangen.
2 Deshalb ist es dunkel.
3 Bei Mike im Haus hat eine Sicherung den Stromkreis unterbrochen.
4 Eine Sicherung ist ein automatischer Notfallschalter zum Stromausschalten.
5 Dank der Sicherung ist Mike nichts Schlimmes passiert.
6 Um den Strom wieder anzuschalten, muss Mike zum Sicherungskasten laufen.
7 Ein Sicherungskasten ist ein Kasten, in dem Sicherungen sind.

 4 Schreibe die passenden Wörter in die Lücken.

→ lebensgefährlich • Sicherungen • Sicherungskasten

Der Strom kann für uns _____ sein. Wenn der Strom für uns

gefährlich wird, dann unterbrechen die _____ den Stromkreis.

Die Sicherungen sind im _____.

Wie kommt der Strom in die Steckdose?

Es gibt verschiedene **Formen von Energie.**
Die Energie kann **nie verloren** gehen.
Eine Energieform wird immer **umgewandelt** in eine andere Energieform.

📖 **Der Weg der Energie**   ▶ Lese-Profi S. 132

▶ 🖱 Video

1 Damit wir elektrische Energie erhalten,
2 muss eine **andere Energieform** in elektrische Energie **umgewandelt werden.**
3 Wir können die **Energie von der Sonne, dem Wind, dem Wasser und der Kohle**
4 **in elektrische Energie umwandeln.**
5 Die Sonne, den Wind, das Wasser und die Kohle nennen wir deshalb
6 die **Energiequellen.**
7 Die elektrische Energie gelangt dann **über viele Kabel in unsere Steckdosen.**

1 Wie wird aus der Bewegungsenergie vom Wasser elektrische Energie?

Tipp
Eine Energieform ist die Bewegungsenergie. Sie entsteht bei Bewegung. Die Bewegungsenergie von Wasser können wir in mehreren Schritten in elektrische Energie umwandeln.

💬 **a)** Beschreibe deiner Sitznachbarin oder deinem Sitznachbarn den Weg vom Wasser bis zur Lampe.

✏ **b)** Schreibe die Wörter in die passenden Pfeile.

→   Bewegungsenergie • elektrische Energie

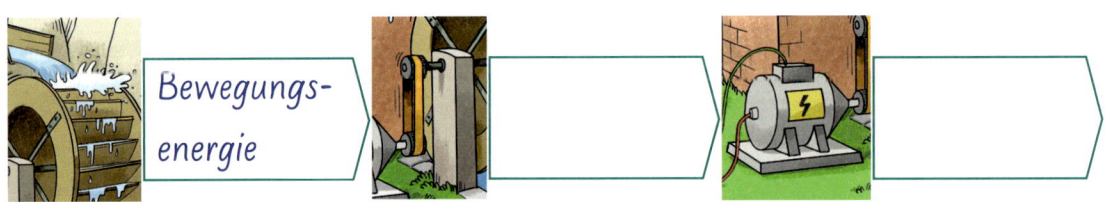

Bewegungs-energie

Wie kommt der Strom in die Steckdose?

📖 Die erneuerbaren und die fossilen Energiequellen

▶ Lese-Profi S. 132

▶  Video

1 Wir nutzen **verschiedene Energiequellen**,

2 um **elektrische Energie** zu bekommen.

3 Aber **nicht** alle Energiequellen sind **gleich**.

4 Einige Energiequellen gibt es **immer** auf der Erde.

5 Wir können ihre Energie **jeden Tag neu** bekommen.

6 Dazu gehören **die Energie von der Sonne und**

7 **dem Wind**.

8 Wir nennen diese Energiequellen

9 die **erneuerbaren Energiequellen**.

10 Andere Energiequellen liegen **unter der Erde**.

11 Sie brauchen **sehr lange, um überhaupt zu entstehen**.

12 Zu diesen Energiequellen gehört die **Kohle**.

13 Wir nennen diese Energiequellen

14 die **fossilen Energiequellen**.

✏️ **1** Schreibe die passenden Wörter in die Lücken.

→ ~~Energiequellen~~ • Kohle • Wind • erneuerbaren • fossilen

Es gibt verschiedene _Energiequellen_.

Wir unterscheiden zwischen den _____ Energiequellen

und den _____ Energiequellen. Die Sonne und der _____

sind erneuerbare Energiequellen. Die _____ ist eine fossile Energiequelle.

 Ein energiereicher Spaziergang

✋ **a)** Aktiviere deine eigene Bewegungsenergie und gehe spazieren.

👁 **b)** Beobachte bei deinem Spaziergang deine Umgebung. Kannst du Windräder, Solaranlagen und Stromtrassen entdecken?

💬 **c)** Erzähle deiner Klasse von deinem Spaziergang und von deinen Beobachtungen.

Klimaschutz ist wichtig!

1 Das Kohlekraftwerk

Tipp
In dem Bild siehst du ein Kohlekraftwerk.
Vorne im Bild wird die Kohle aus der Erde ausgegraben.
Hinten im Bild wird die Kohle verbrannt.

a) Was fällt euch in dem Bild auf? Sprecht in der Klasse.

b) Früher war Kohle eine wichtige Energiequelle in Deutschland.
Heute sind die erneuerbaren Energien sehr wichtig.
Weißt du, warum das so ist? Sprecht in der Klasse über eure Ideen.

Elektrische Energie sparen schützt die Erde

▶ Lese-Profi S. 132

▶  Video

1 Die Kohle ist eine fossile Energiequelle.

2 Damit aus der Kohle elektrische Energie wird, verbrennen wir die Kohle.

3 Dabei entsteht das Gas Kohlenstoffdioxid (CO_2).

4 Das CO_2 ist ein klimaschädliches Gas.

5 Durch das CO_2 verändert sich das Klima auf unserer Erde.

6 Das nennen wir den menschengemachten Klimawandel.

7 Der Klimawandel ist nicht gut für unsere Erde.

8 Es kommt zum Beispiel öfter zu Überschwemmungen.

9 Die Tiere und die Menschen müssen dann flüchten und vieles geht kaputt.

10 Der Klimawandel verschlechtert also unser Leben.

11 Deshalb sprechen Forscherinnen und Forscher auch von einer Klimakrise.

12 Wenn wir elektrische Energie sparen, dann kommt weniger CO_2 in die Luft.

13 Damit schützen wir das Klima, die Natur und unser Leben.

14 Das nennen wir den Klimaschutz.

15 Alle deine guten Taten für die Natur gehören zu deinem ökologischen Handabdruck.

16 Denn mit einer guten Tat reichst du der Natur deine helfende Hand und zeigst ihr,

17 dass ihr gemeinsam stark seid.

Tipp
Wenn deine elektrische Energie aus erneuerbaren Energiequellen kommt,
dann schützt du die Erde auch ohne Energie zu sparen.

2 Schreibe die passenden Wörter in die Lücken.

→ Kohlenstoffdioxid (CO$_2$) • Klimakrise • Klimaschutz • Menschen • menschengemachten

Bei der Verbrennung von Kohle entsteht das klimaschädliche Gas

_____ .

Es verändert das Klima auf der Erde. Diese Veränderungen sind nicht gut für

die _____ , die Tiere und die Natur. Wir nennen das den

_____ Klimawandel oder die _____ .

Deshalb ist _____ besonders wichtig.

3 Energie sparen leicht gemacht!

a) Schau dir die Bilder an.
Lies dir die Tipps zum Energiesparen durch.

Licht ausschalten
Wenn niemand im Zimmer ist,
dann schalte ich das Licht aus.
Wenn Sonnenlicht von draußen ins Zimmer scheint,
dann schalte ich das Licht aus.

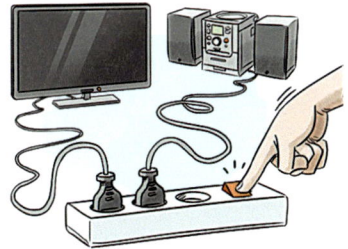

Elektrische Geräte ausschalten
Wenn ich ein elektrisches Gerät nicht brauche,
dann schalte ich es komplett aus.
Dafür kann ich auch einen Mehrfachstecker mit
einem Schalter benutzen.

b) Überlegt euch weitere Tipps zum Energiesparen.
Sprecht zu zweit.

c) Was machst du schon, um Energie zu sparen?
Schreibe es an deinen ökologischen Handabdruck auf Seite 134.

d) Was möchtest du in Zukunft noch tun, um Energie zu sparen?
Sprecht in der Klasse.

☺ Das kann ich!

1 Welche Sätze stimmen? Kreuze die richtigen Sätze an.

Der elektrische Strom begegnet uns selten im Alltag.	☐
Früher gab es keine elektrischen Geräte.	☐
Der elektrische Strom ist für uns Menschen immer ungefährlich.	☐
Eine Sicherung ist ein automatischer Notfallschalter zum Stromausschalten.	☐
Dieses Zeichen warnt vor Gewitter: ⚡	☐

2 Ist der Stromkreis geschlossen oder unterbrochen? Kreuze an.

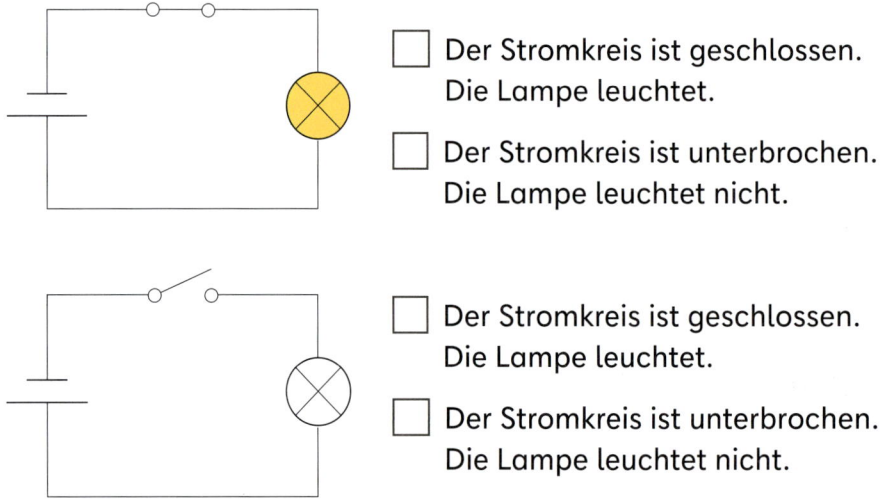

☐ Der Stromkreis ist geschlossen.
Die Lampe leuchtet.

☐ Der Stromkreis ist unterbrochen.
Die Lampe leuchtet nicht.

☐ Der Stromkreis ist geschlossen.
Die Lampe leuchtet.

☐ Der Stromkreis ist unterbrochen.
Die Lampe leuchtet nicht.

3 Welches Schaltzeichen ist das?
Schreibe den passenden Namen unter das Bild.

→ Lampe • offener Schalter • Batterie

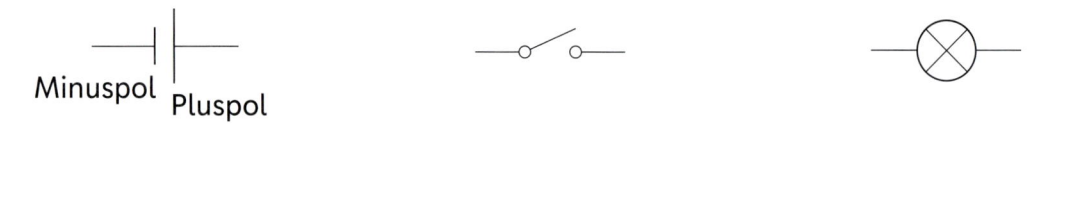

Minuspol   Pluspol

_____   _____   _____

🖊 **4** Welche Gegenstände leiten den elektrischen Strom besonders gut?
Kreuze an.

☐ Kette aus Silber   ☐ Deckel aus Plastik

☐ Löffel aus Holz   ☐ Gummiband

☐ Münze aus Kupfer   ☐ Ring aus Gold

☐ Papierflieger   ☐ Büroklammer aus Eisen

☐ Vase aus Glas   ☐ Getränkedose aus Aluminium

🖊 **5** Löse das Kreuzworträtsel.

1. Damit wir elektrische … erhalten, wandeln wir eine andere Energieform um.
2. Die Sonne, der Wind, das Wasser und die Kohle sind …
3. Wir unterscheiden zwischen den … und den fossilen Energiequellen.
4. Bei der Verbrennung von … entsteht das klimaschädliche Kohlenstoffdioxid.
5. Wir nennen die schlechten Veränderungen vom Klima die …
6. Alle unsere guten Handlungen gehören zu unserem ökologischen …

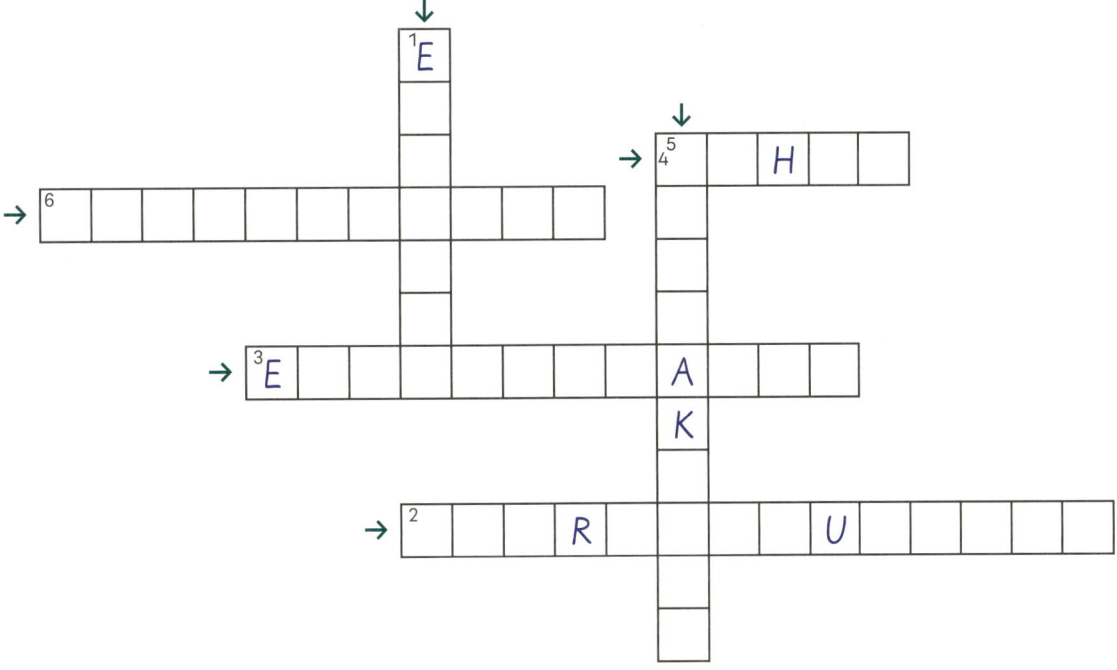

👁 **6** a) Überprüfe deine Antworten.

🖊 b) Schätze dich selbst ein. Male dazu 1, 2 oder 3 Smileys aus.

So gut kenne ich mich mit dem elektrischen Strom aus: ☺ ☺ ☺

Das Licht entdecken

👁 **1** **a)** Schau dir das Bild genau an. Was kannst du alles erkennen?

💬 **b)** Sprecht zu zweit über eure Beobachtungen.

🖊 **2** Was leuchtet alles? Kreise im Bild die leuchtenden Dinge ein.

✏ **3** Wie viele Schatten kannst du entdecken? Schreibe die Anzahl in die Lücke.

Ich kann _____ Schatten entdecken.

📖 Die Lichtquellen

▶ Lese-Profi S. 132

1 Die **Lichtquellen leuchten von selbst**.
2 Sie werden nicht von anderen Dingen angestrahlt.

3 Manche Lichtquellen kommen in der **Natur** vor.
4 Diese Lichtquellen nennen wir die **natürlichen Lichtquellen**.
5 Die **Sonne** ist eine natürliche Lichtquelle.

6 Manche Lichtquellen wurden **von Menschen gemacht**.
7 Diese Lichtquellen nennen wir die **künstlichen Lichtquellen**.
8 Eine **Lampe** oder ein **Lagerfeuer** sind künstliche Lichtquellen.

 4 Welche Lichtquelle ist eine natürliche Lichtquelle?
Welche Lichtquelle ist eine künstliche Lichtquelle?
Verbinde die Bilder mit dem richtigen Begriff.

 Video

natürliche Lichtquelle

künstliche Lichtquelle

🖉 **5** Beende den Merksatz.

Die Lichtquellen leuchten

Tipp
Der Lesetext hilft dir bei deiner Antwort.

Die Ausbreitung von Licht

▶ Experimentier-Profi S. 133

Aktiv: Das Licht sehen

Das brauchst du: eine Taschenlampe, schwarzes Klebeband, Puder. ▶  Video

🤚 **a)** Klebe das Klebeband vor die Lampe von der Taschenlampe.

🤚 **b)** Steche ein Loch in die Mitte vom Klebeband.

🤚 **c)** Verdunkle den Raum.

🤚 **d)** Schalte die Taschenlampe an.

🤚 **e)** Puste etwas Puder vor den Lichtstrahl.

👁 **f)** Beobachte das Licht von der Taschenlampe.

✏ **g)** Wie breitet sich das Licht aus? Zeichne den Weg vom Licht ein.

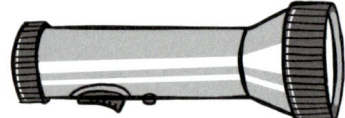

✏ **h)** Welcher Satz stimmt? Kreuze den richtigen Satz an.

☐ Das Licht breitet sich gerade aus.

☐ Das Licht breitet sich kurvig aus.

📖 Wie breitet sich das Licht aus?

▶ Lese-Profi S. 132

▶  Video

1 Das **Licht entsteht** immer **an einer Lichtquelle**.
2 Von der Lichtquelle aus **verteilt sich** das Licht.
3 Das nennen wir die **Lichtausbreitung**.
4 Das Licht breitet sich in **alle Richtungen** aus.
5 Das Licht breitet sich in **geraden Linien** aus.
6 Das Licht **kann nicht durch alles durchscheinen**.
7 In unserem Experiment hält das Klebeband das Licht auf.
8 Deshalb sehen wir das Licht nur durch das Loch.

Die Ausbreitung von Licht

1 Auf welchem Bild breitet sich das Licht richtig aus?
Kreuze das richtige Bild an.

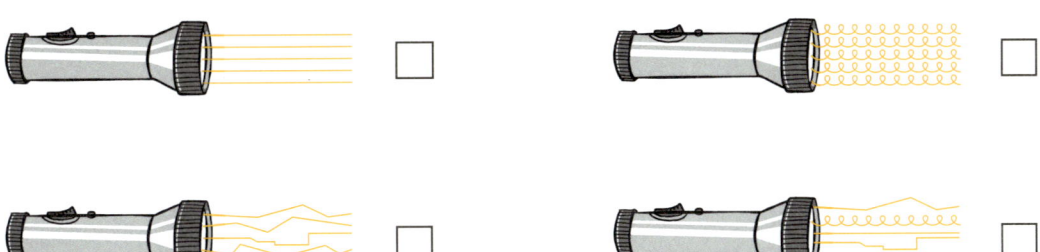

2 Zeichne mit Pfeilen den Weg vom Licht ein.

> **Tipp**
> Das Licht kann nicht durch alles durchscheinen.

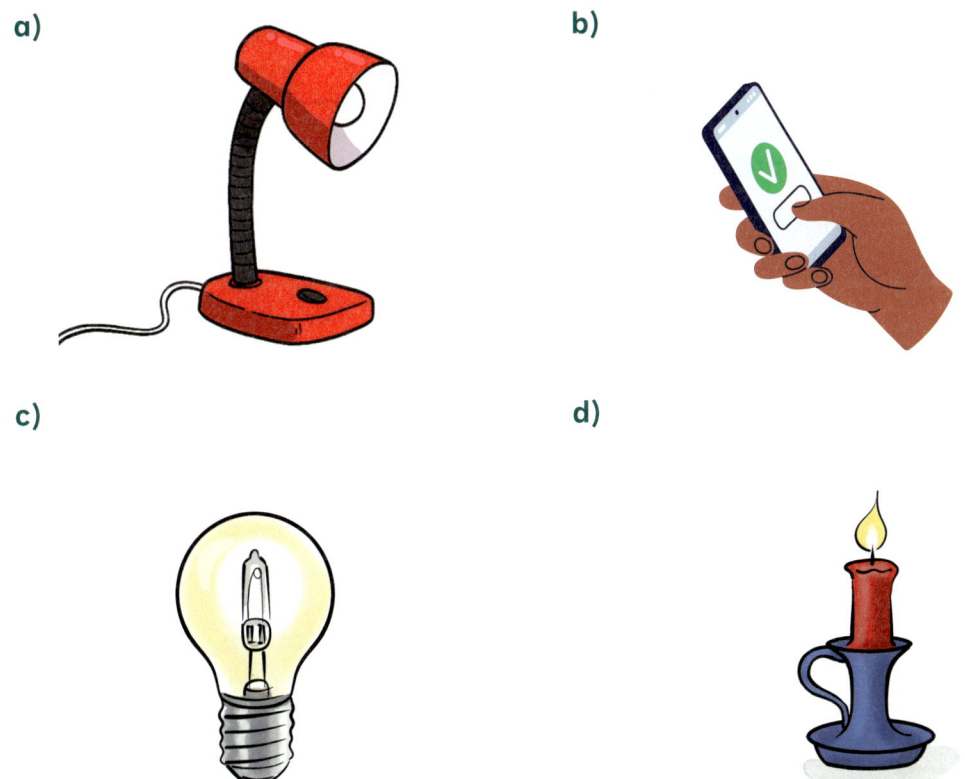

a)

b)

c)

d)

3 Beende den Merksatz.

Das Licht breitet sich

Aktiv: Das Licht und die Oberflächen

🔬 👥 **1** Das Licht trifft auf verschiedene Oberflächen ▶ Experimentier-Profi S. 133

Das braucht ihr: zwei weiße Blatt Papier, eine Taschenlampe, ein schwarzes Blatt Papier, ein Stück Transparentpapier, ein Stück Alufolie.

✋ **a)** Lege ein weißes Blatt Papier mit der langen Seite zu dir auf den Tisch.

✏️ **b)** Schreibe deinen Namen auf das weiße Blatt Papier.

✋ **c)** Baut das Experiment zu zweit auf:

✋ **d)** Die Lehrkraft verdunkelt jetzt den Raum.

✋ ✏️ **e)** Beleuchte das schwarze Blatt Papier mit einer Taschenlampe. Beobachte dabei deinen Namen. Wie gut kannst du ihn lesen?

Ich kann meinen Namen _____ lesen.

✋ ✏️ **f)** Beleuchte das Stück Transparentpapier mit einer Taschenlampe. Beobachte dabei deinen Namen. Wie gut kannst du ihn lesen?

Ich kann meinen Namen _____ lesen.

✋ ✏️ **g)** Beleuchte das Stück Alufolie mit einer Taschenlampe. Beobachte dabei deinen Namen. Wie gut kannst du ihn lesen?

Ich kann meinen Namen _____ lesen.

✋ ✏️ **h)** Beleuchte das andere weiße Blatt Papier mit einer Taschenlampe. Beobachte dabei deinen Namen. Wie gut kannst du ihn lesen?

Ich kann meinen Namen _____ lesen.

i) Bei welchem Material konntest du deinen Namen am besten lesen?
Wähle ein Material aus und schreibe es in die Lücke.

→ das schwarze Papier • die Alufolie • das Transparentpapier • das weiße Papier

Ich kann meinen Namen am besten lesen,

wenn ich _____ beleuchte.

j) Was ist dir beim Experimentieren noch aufgefallen? Schreibe es auf.

_____

_____

📖 Das Licht trifft auf verschiedene Oberflächen

▶ Lese-Profi S. 132

▶ Video

1 Das Licht trifft auf eine **helle Oberfläche**.
2 Das Licht wird **in alle Richtungen zurückgeworfen**.
3 Wir nennen diesen Vorgang die **Streuung**.

4 Das Licht trifft auf eine **dunkle Oberfläche**.
5 Das Licht wird von der dunklen Oberfläche **aufgenommen**.
6 Wir nennen diesen Vorgang die **Absorption**.

7 Das Licht trifft auf eine **spiegelnde Oberfläche**.
8 Das Licht wird **in eine Richtung zurückgeworfen**.
9 Wir nennen diesen Vorgang die **Reflexion**.

10 Das Licht trifft auf eine **durchsichtige Oberfläche**.
11 Das Licht **scheint durch die Oberfläche hindurch**.
12 Wir nennen diese Oberflächen **lichtdurchlässig**.

2 Ich sehe was, was du nicht siehst …

👁 **a)** Schau dich um. Kannst du verschiedene Oberflächen entdecken?

💬 **b)** Spielt eine Runde „Ich sehe was, was du nicht siehst …".
Benutzt die Wörter „gestreut", „absorbiert", „reflektiert"
und „lichtdurchlässig".

Das Licht und das Sehen

▶ Experimentier-Profi S. 133

 Aktiv: Kannst du in der Dunkelheit sehen?

a) Mache alle Lichter im Raum aus. Verdunkle den Raum, bis kein Licht mehr von draußen in den Raum kommt.

b) Warte kurz ab. Deine Augen müssen sich erst an die Dunkelheit gewöhnen.

c) Was kannst du im Dunkeln noch sehen? Kreuze an.

☐ Ich kann alle Gegenstände ganz genau erkennen.

☐ Ich kann alle Farben ganz genau erkennen.

☐ Ich kann einige Gegenstände erkennen.

☐ Ich kann einige Farben erkennen.

☐ Ich kann nur die Umrisse von den Gegenständen erkennen.

☐ Ich kann keine Gegenstände oder Umrisse erkennen.

☐ Ich kann keine Farben erkennen.

d) Kannst du im Dunkeln oder im Hellen besser sehen? Kreuze an.

☐ im Dunkeln   ☐ im Hellen

📖 Ohne Licht können wir nichts sehen

▶ Lese-Profi S. 132

1 Die Kerze ist eine Lichtquelle.

2 Das Licht von der Kerze erreicht unsere Augen.

3 Unsere Augen nehmen das Licht wahr.

4 Wegen dem Licht können wir sehen.

5 Unsere Augen sind Lichtempfänger.

6 Wir sehen auch Dinge, die nicht selbst leuchten.

7 Diese Dinge werden von Lichtquellen angestrahlt.

8 Wir sehen die Kröte nur, wenn Licht auf sie trifft.

9 Das Licht wird von der Kröte zurückgeworfen.

10 Wir sagen, das Licht wird gestreut.

11 Danach erreicht das Licht unsere Augen.

Das Licht und das Sehen

1 Wieso sieht Natan die Blume?

🖊 **a)** Zeichne mit Pfeilen
die Sonnenstrahlen in das Bild ein.

🖊 **b)** Zeichne mit Pfeilen
das gestreute Licht in das Bild ein.

🖊 **c)** Schreibe die passenden Wörter in die Lücken.

→ Lichtquelle • Augen • Blume

Die Sonne ist eine _____.

Das Licht von der Sonne trifft auf die _____.

Das Licht wird von der Blume zurückgeworfen und gelangt in Natans _____.

2 Natan steht vor einem Baum.
Hinter dem Baum ist eine Blume.
Kann Natan die Blume sehen?

🖊 **a)** Zeichne mit Pfeilen den Weg
vom Licht in das Bild ein.

🖊 **b)** Gelangt das Licht von der Blume
in Natans Augen?
Kreuze den richtigen Satz an.

☐ Ja, das Licht gelangt direkt
von der Blume in Natans Augen.

☐ Nein, das Licht gelangt nicht direkt
von der Blume in Natans Augen.

🖊 **c)** Was sieht Natan? Schreibe es auf.

Natan sieht _____

Das Licht und das Sehen

📖 Das Auge

▶ Lese-Profi S. 132

▶  Video

1 Das **gestreute Licht** von der Blume **erreicht das Auge**.

2 Das Licht gelangt durch eine **runde Öffnung** in das Auge.

3 Wir nennen diese Öffnung die **Pupille**.

4 Hinter der Pupille ist die **Linse**.

5 Die Linse lenkt das Licht auf die **Netzhaut**.

6 Auf der Netzhaut entsteht ein **umgedrehtes Bild**.

7 Der **Sehnerv** leitet das Bild an das **Gehirn** weiter.

8 Im Gehirn wird das Bild wieder **richtig herumgedreht**.

3 Der Weg vom Licht im Auge

🖉 **a)** Schreibe die passenden Wörter in die Kästchen.

→ Pupille • Netzhaut • Linse • Sehnerv

🖉 **b)** Zeichne den Weg vom Licht im Auge mit einem bunten Stift ein.

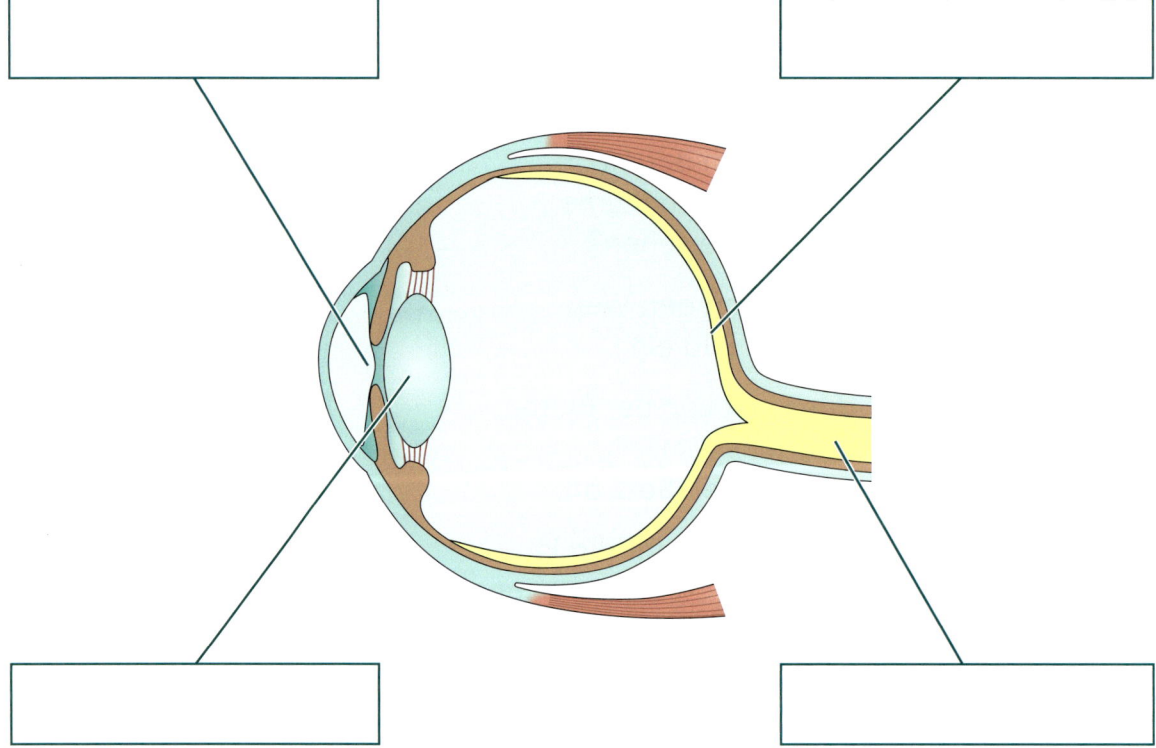

💬 **c)** Beschreibe deiner Sitznachbarin oder deinem Sitznachbarn den Weg vom Licht im Auge.

Lexikon & Quiz 🖳

Reflektoren schützen dich im Dunkeln

▶ Lese-Profi S. 132

1 Es ist Winter und du bist morgens auf dem Weg zur Schule.

2 Draußen ist es meistens noch ganz dunkel.

3 Du bist im Dunkeln kaum zu sehen.

4 Die Reflektoren an deiner Jacke, an deiner Schultasche

5 und an deinem Fahrrad können das Licht von den Autos

6 und von den anderen Fahrrädern reflektieren.

7 Das hilft anderen Menschen, dich rechtzeitig zu erkennen.

1 Reflektoren schützen dich.

a) Findest du alle Unterschiede zwischen den zwei Bildern?
Kreise sie im rechten Bild ein.

b) Wann bist du besser in der Dunkelheit zu sehen? Kreuze an.

☐   ☐

2 Wie gut erkennt man mich?

a) Schau dir deine Tasche und deine Kleidung an.
Wo kannst du Reflektoren finden? Schreibe es auf.

_____

_____

b) Sprecht zu zweit.
Wer von euch beiden ist im Dunkeln besser zu erkennen?

Das Licht und der Schatten

Aktiv: Schattenbilder

Das braucht ihr: weiße DIN-A3-Blätter, Klebestreifen, eine Taschenlampe, Stifte.

a) Arbeitet zu dritt.
Jede Person benötigt ein weißes Blatt Papier.

b) Sucht euch einen Platz an der Wand.
Dort hängt ihr eure Blätter
mit den Klebestreifen auf.

c) Die Lehrkraft verdunkelt jetzt den Raum.

d) Die erste Person stellt sich seitlich
vor das weiße Blatt Papier.

e) Die zweite Person leuchtet
mit der Taschenlampe, bis der Schatten
auf dem Blatt Papier gut erkennbar ist.

f) Die dritte Person umrandet den Schatten
mit einem Stift.

g) Tauscht die Positionen und wiederholt die Schritte d) bis f).

Wie entsteht ein Schatten?

▶ Lese-Profi S. 132

▶  Video

1 Das Licht kann **nicht durch alle Dinge hindurchscheinen**.

2 Diese Dinge sind **nicht lichtdurchlässig**.

3 Das Licht kann nicht unter das Skateboard kommen.

4 Deshalb ist es unter dem Skateboard dunkel.

5 Den **dunklen Bereich** nennen wir einen **Schatten**.

6 Oft wird etwas von **zwei Lichtquellen** angeleuchtet.

7 Die **Schatten überlappen** sich dann.

8 Die Schatten am **Rand** sind etwas **heller**.

9 Wir nennen diese Schatten die **Halbschatten**.

10 Der Schatten in der **Mitte** ist ganz **dunkel**.

11 Wir nennen diesen Schatten den **Kernschatten**.

12 Ein Kernschatten entsteht durch **zwei Lichtquellen**.

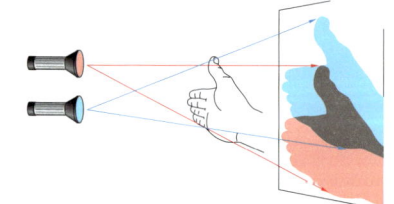

Das Licht und der Schatten

✏️ **1** Schreibe die passenden Wörter in die Kästchen.

→ Kernschatten • Lichtquellen • Halbschatten • Schatten

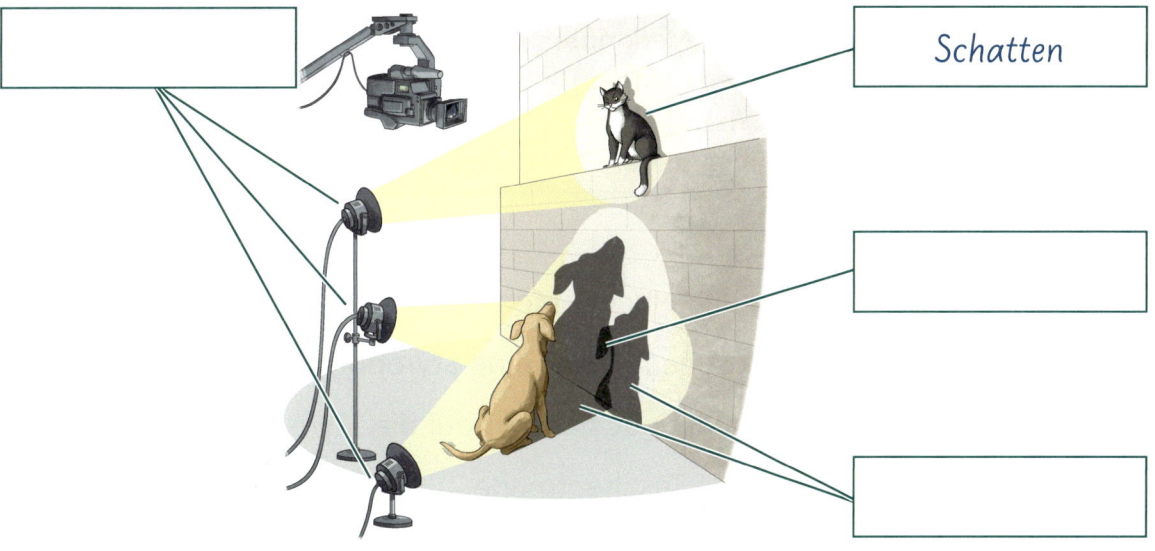

Schatten

2 Der Kernschatten und die Halbschatten

👁 **a)** Schau dir das Bild an.

✏️ **b)** Findest du alle Lichtquellen? Kreise alle **Lichtquellen lila** ein.

✏️ **c)** Findest du alle Schatten? Kreise alle **Schatten grün** ein.

✏️ **d)** Findest du die Kernschatten und die Halbschatten?
Male alle **Kernschatten und Halbschatten blau** aus.

Aktiv: Der Tag und die Nacht

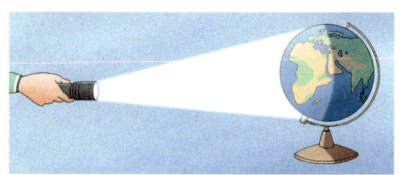

Modelle helfen dir, etwas besser zu verstehen ▶ Methode S. 105

Ein **Modell** ist ein **Nachbau der Wirklichkeit**.
Ein Modell hilft dir, Dinge **besser** zu **verstehen**.

Modelle haben bestimmte **Merkmale**:
- Sie **vergrößern** oder **verkleinern** Dinge.
- Sie zeigen nur das **Wichtige**.
- Sie bestehen aus einem **anderen Material** als das Original.

  1 Wir bauen ein „Tag und Nacht"-Modell ▶ Experimentier-Profi S. 133

Das braucht ihr: eine Taschenlampe, eine Styroporkugel, einen Klebepunkt.

a) Klebt den Klebepunkt gut sichtbar auf die Styroporkugel.

b) Eine Person hält die Taschenlampe.
Eine Person hält die Styroporkugel.

c) Die Person mit der Taschenlampe und die Person mit der Styroporkugel
stellen sich gegenüber voneinander auf.
Der Klebepunkt zeigt in Richtung der Taschenlampe.

d) Schalte die Taschenlampe ein und leuchte auf die Styroporkugel.

e) Auf welcher Seite von der Styroporkugel ist es hell?
Auf welcher Seite von der Styroporkugel ist es dunkel?
Sprecht in eurer Gruppe darüber.

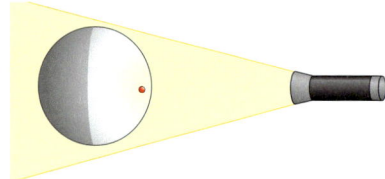

f) Die Person mit der Styroporkugel dreht die Styroporkugel um.
Nun zeigt der Klebepunkt von der Taschenlampe weg.

g) Auf welcher Seite von der Styroporkugel ist es hell?
Auf welcher Seite von der Styroporkugel ist es dunkel?
Sprecht in eurer Gruppe darüber.

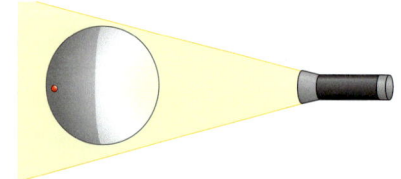

h) Auf welcher Seite von der Styroporkugel ist es immer dunkel?
Kreuze den richtigen Satz an.

☐ Auf der Seite, die in Richtung der Taschenlampe zeigt.

☐ Auf der Seite, die von der Taschenlampe weg zeigt.

2 In dem Experiment hast du ein „Tag und Nacht"-Modell gebaut.
Schreibe die passenden Wörter in die Lücken.

→ • Tag
  • Nacht
  • Sonne
  • Erde

Die Taschenlampe ist in Wirklichkeit die _____.

Die Styroporkugel ist in Wirklichkeit die _____.

Auf der hellen Seite von der Styroporkugel ist es _____.

Auf der dunklen von der Styroporkugel ist es _____.

Der Tag

Die Nacht

Die Sonnenfinsternis

📖 Die Erde bei Tag und bei Nacht

▶ Lese-Profi S. 132

1 Die **Erde** dreht sich innerhalb von **24 Stunden** um sich selbst.

2 Wenn wir ins **Sonnenlicht** kommen, dann ist bei uns **Tag**.

3 Wenn wir **von der Sonne weggedreht** sind,

4 dann befinden wir uns im **Schatten der Erde**.

5 Diesen Schatten nennen wir die **Nacht**.

! Es kann auch **tagsüber** für einen kurzen Zeitraum **dunkel** werden.
Das nennen wir eine **Sonnenfinsternis**.
Bei einer Sonnenfinsternis schiebt sich
der Mond zwischen die Sonne und die Erde.
Die **Erde** befindet sich dann **im Schatten vom Mond**.

▶ 📱 Video

1 Welche Lichtquellen kennst du?

a) Schreibe zwei natürliche Lichtquellen auf.

b) Schreibe zwei künstliche Lichtquellen auf.

2 Finde im Rätsel alle Dinge, die du leuchten siehst.
Kreise sie mit einem bunten Stift ein.

→ Mond • Tablet • Lampe • Feuerzeug • Feuer • Kerze • Sonne • Reflektor

U	A	O	K	N	E	Q	I	K	V	Z	R	C	J	U
M	O	N	D	C	A	K	Z	E	K	Z	I	M	J	R
T	A	B	L	E	T	Q	J	R	I	W	E	J	P	E
Y	P	N	B	I	X	Q	A	Z	T	G	B	B	D	F
N	F	G	T	L	D	H	V	E	U	U	C	E	V	L
F	E	T	G	A	T	T	B	V	B	S	Q	B	H	E
E	D	O	E	M	T	T	N	S	O	X	C	M	D	K
U	F	H	X	P	O	P	E	H	T	F	K	D	A	T
E	A	S	V	E	J	L	X	T	P	V	J	L	L	O
R	X	N	A	T	E	A	V	S	O	N	N	E	O	R
Z	D	G	D	W	H	R	P	A	G	G	V	I	E	A
E	B	F	E	U	E	R	A	N	I	E	R	T	G	O
U	P	G	D	E	P	R	D	K	L	L	W	R	L	C
G	C	C	L	W	I	B	N	G	X	L	T	J	S	K
O	S	H	B	L	N	K	R	R	I	E	K	R	K	G

3 Wähle das passende Wort aus der Klammer aus. Schreibe es in die Lücke.

Das Licht breitet sich in _____ _____ (alle / zwei) Richtungen aus.

Das Licht breitet sich in _____ (kurvigen / geraden) Linien aus.

Die meisten Dinge lassen _____ (kein / das ganze) Licht durch.

4 Zeichne mit Pfeilen den Weg vom Licht in das Bild ein.

  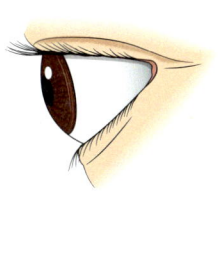

5 Welche Sätze stimmen? Kreuze die richtigen Sätze an.

Auf der Netzhaut im Auge entsteht ein umgedrehtes Bild.	☐
Schwarze Oberflächen reflektieren das Licht.	☐
Das Licht wird von hellen Oberflächen in alle Richtungen zurückgeworfen. Das nennen wir die Streuung.	☐
Wenn zwei Lichtquellen einen Gegenstand anleuchten, dann entstehen Halbschatten und Kernschatten.	☐
Der Halbschatten ist dunkler als der Kernschatten.	☐
Bei einer Sonnenfinsternis schiebt sich der Mond zwischen die Sonne und die Erde.	☐

6 Auf welcher Seite der Erde ist es Tag? Auf welcher Seite der Erde ist es Nacht?

Schreibe die passenden Wörter in die Kästchen.

→ • Tag
   • Nacht

8 **a)** Überprüfe deine Antworten.

   b) Schätze dich selbst ein. Male dazu 1, 2 oder 3 Smileys aus.

So gut kenne ich mich mit dem Licht aus:	

Die Welt der Stoffe

1 Samira und Paul backen einen Kuchen.
Welche Zutaten entdeckst du? Sprecht zu zweit.

2 In der Küche stehen viele verschiedene Dinge.

a) Kreise alle Schüsseln in einer Farbe ein.

b) Sind alle Schüsseln aus dem gleichen Material? Sprecht in der Klasse.

c) Findest du alle Dinge aus Glas?
Kreise sie in einer anderen Farbe ein.

📖 Die Welt der Stoffe

▶ Lese-Profi S. 132

1 Zum Backen benutzen wir oft verschiedene Schüsseln.

2 Eine Schüssel ist ein Gegenstand.

3 Gegenstände können aus unterschiedlichen Materialien hergestellt werden.

4 Ein Material nennen wir in der Chemie einen Stoff.

5 Alles in der Welt besteht aus Stoffen.

6 Stoffe sind zum Beispiel:

7 Holz, Plastik, Kupfer, Glas und vieles mehr.

8 In der Küche findest du viele verschiedene Lebensmittel.

9 Zum Beispiel Zucker, Mehl, Butter, Salz und Wasser.

10 Auch Lebensmittel sind Stoffe oder bestehen aus Stoffen.

3 Schreibe die passenden Wörter in die Lücken.

→ Glas • Mehl • Materialien • Salz • Zucker • Stoffe

Ein Gegenstand kann aus verschiedenen _____ hergestellt werden.

Diese Materialien nennen wir die _____ .

Auch in der Küche gibt es viele unterschiedliche Stoffe. Zum Beispiel _____ ,

_____ , _____ oder _____ .

▶ Experimentier-Profi S. 133

Aktiv: Die Stoffe in deiner Federmappe

Das brauchst du: deine Federmappe.

a) Schau dir den Inhalt deiner Federmappe an.

b) Sind alle Gegenstände in deiner Federmappe
aus dem gleichen Stoff? Kreuze an.

☐ Ja, alle Gegenstände sind aus dem gleichen Stoff.

☐ Nein, die Gegenstände sind aus unterschiedlichen Stoffen.

c) Aus welchem Stoff sind die Gegenstände in deiner Federmappe?
Schreibe die Gegenstände in die passende Spalte von der Tabelle.

Gegenstände aus Holz	Gegenstände aus Metall	Gegenstände aus Plastik

d) Sprecht zu zweit über eure Ergebnisse.
Sind alle eure Gegenstände aus den gleichen Stoffen?

Die Stoffe haben Eigenschaften

📖 **Die Stoffe mit den Sinnen unterscheiden**

▶ Lese-Profi S. 132

1 Die Stoffe haben verschiedene Eigenschaften.
2 Einige Stoffeigenschaften kannst du mit deinen Sinnen erkennen.

3 Die Stoffe haben eine unterschiedliche Farbe.
4 Die Farbe kannst du mit deinen Augen sehen.
5 Die Stoffe haben einen unterschiedlichen Geschmack.
6 Den Geschmack kannst du mit deiner Zunge schmecken.
7 Die Stoffe haben einen unterschiedlichen Geruch.
8 Den Geruch kannst du mit deiner Nase riechen.
9 Die Farbe, der Geschmack und der Geruch
10 sind wichtige Stoffeigenschaften.

11 Die Stoffeigenschaften von einem Stoff verändern sich nicht.
12 Deshalb können wir einen Stoff
13 an seinen Stoffeigenschaften erkennen:
14 Der Stoff Zucker schmeckt immer süß, sieht immer weiß aus
15 und riecht immer nach nichts.

🖊 **1** April, April – Streiche mit den Stoffeigenschaften!
Schreibe die passenden Wörter in die Lücken.

→ • Farbe
 • Geschmack
 • Geruch

Oma hat Salz in Opas Wasserglas geschüttet. Beim ersten Schluck

bemerkt Opa es sofort. Er hat es am _____ erkannt.

Mama möchte einen Kakao zum Frühstück. Papa hat Mama aber einen Kaffee

mit Milch gebracht. Sie hat es am _____ erkannt.

Dana hat Paprikapulver in den Pfefferstreuer gefüllt.

Alle haben es sofort an der _____ erkannt.

🖊 **2** Welche drei Stoffeigenschaften kannst du mit deinen Sinnen erkennen?
Schreibe sie in die Lücke.

Mit meinen Sinnen erkenne ich die Stoffeigenschaften _____

_____.

Die Stoffe haben Eigenschaften

Nicht alle Stoffeigenschaften können wir mit den Sinnen erkennen. ▶ Lese-Profi S. 132
Es gibt noch viele andere Stoffeigenschaften.
Diese Stoffeigenschaften müssen wir untersuchen.

Brennbar oder nicht brennbar?

▶  Video

1 Manche Stoffe brennen, wenn sie mit Feuer angezündet werden.
2 Manche Stoffe brennen nicht, wenn sie mit Feuer angezündet werden.
3 Ein Stoff ist brennbar oder nicht brennbar.
4 So können wir zum Beispiel Alkohol und Wasser unterscheiden.

Wasserlöslich oder nicht wasserlöslich?

1 Manche Stoffe lösen sich in Wasser.
2 Wir können sie dann nicht mehr mit den Augen sehen.
3 Manche Stoffe lösen sich nicht in Wasser.
4 Wir sehen sie im Wasser.
5 Ein Stoff ist entweder wasserlöslich oder nicht wasserlöslich.
6 So können wir zum Beispiel Puderzucker und Mehl unterscheiden.

▶ Experimentier-Profi S. 133

Aktiv: Wasserlöslich oder nicht wasserlöslich?

Das brauchst du: zwei mit Wasser gefüllte Bechergläser, zwei Löffel,
etwas Mehl, etwas Puderzucker.

a) Gib einen Löffel Mehl in das erste Becherglas und rühre um.

b) Gib einen Löffel Puderzucker in das zweite Becherglas und rühre um.

c) Was kannst du beobachten? Kreuze an.

Siehst du das Mehl im Wasser noch? ☐ Ja ☐ Nein

Siehst du den Puderzucker im Wasser noch? ☐ Ja ☐ Nein

d) Schreibe die passenden Wörter in die Lücken.

→ wasserlöslich • nicht wasserlöslich

Das Mehl ist _____.

Der Puderzucker ist _____.

Die Stoffe haben Eigenschaften

📖 Magnetisch oder nicht magnetisch?

1 Einige Stoffe werden **von einem Magnet angezogen**.
2 Die meisten Stoffe werden **nicht von einem Magnet angezogen**.
3 Ein Stoff ist **magnetisch** oder **nicht magnetisch**.
4 So können wir zum Beispiel einen **Deckel aus Eisen**
5 und einen **Deckel aus Plastik** unterscheiden.

▶ Experimentier-Profi S. 133

🧪 Aktiv: Magnetisch oder nicht magnetisch?

Das brauchst du: einen Magnet, einen Deckel aus Eisen (z. B. von einer Marmelade), einen Deckel aus Plastik (z. B. von einer Nuss-Nougat-Creme).

🖐 **a)** Halte den Deckel aus Eisen an den Magnet.

🖐 **b)** Halte den Deckel aus Plastik an den Magnet.

✏️ **c)** Was kannst du beobachten? Kreuze an.

Wird der Deckel aus Eisen vom Magnet angezogen?

☐ Ja   ☐ Nein

Wird der Deckel aus Plastik vom Magnet angezogen?

☐ Ja   ☐ Nein

✏️ **d)** Schreibe die passenden Wörter in die Lücken.

→ magnetisch • nicht magnetisch

Der Deckel aus Eisen ist _____.

Der Deckel aus Plastik ist _____.

📖 Geringe Härte oder hohe Härte?

1 Einige Stoffe können **leicht eingeritzt** werden.
2 Einige Stoffe können **nicht so leicht eingeritzt** werden.
3 Forscherinnen und Forscher untersuchen das mit der **Ritzprobe**.
4 Wenn sie den Stoff leicht einritzen können, dann hat der Stoff eine **geringe Härte**.
5 Wenn sie den Stoff nur schwer einritzen können, dann hat der Stoff eine **hohe Härte**.
6 So können wir einen **Becher aus Plastik** und einen **Becher aus Glas** unterscheiden.

Die Stoffe haben Eigenschaften

1 Schreibe die passenden Wörter in die Lücken.

→ brennbar • magnetisch • nicht brennbar • wasserlöslich •
nicht wasserlöslich • nicht magnetisch • hohe Härte • geringe Härte

Mit Feuer kann ich feststellen, ob ein Stoff _____

oder _____ ist.

Mit Wasser kann ich feststellen, ob ein Stoff _____

oder _____ ist.

Mit einem Magnet kann ich feststellen, ob ein Stoff _____

oder _____ ist.

Mit der Ritzprobe kann ich feststellen, ob ein Stoff eine _____

oder eine _____ hat.

2 Ein Stoffsteckbrief fasst die Eigenschaften von Stoffen zusammen.
Fülle den Stoffsteckbrief für den Stoff Salz aus.

Stoffsteckbrief: Salz

Farbe: _____

Geruch: _____

Geschmack: _____

Tipp
Ein Stoff kann gefährlich für dich sein. Probiere den Geschmack von einem Stoff nur mit der Zustimmung deiner Lehrkraft oder deiner Eltern.

3 Ein Magnet zieht einen Deckel aus Eisen an. Das weiß Cem bereits.
Cem will ausprobieren, ob der Magnet auch ein Pulver aus zerkleinertem Eisen anzieht. Kannst du das Ergebnis voraussagen? Kreuze eine Vermutung an.

☐ Die Stoffeigenschaft verändert sich, wenn ich einen Stoff zerkleinere.
Deshalb wird das Eisenpulver nicht vom Magnet angezogen.

☐ Die Stoffeigenschaft verändert sich nicht, wenn ich den Stoff zerkleinere.
Deshalb wird das Eisenpulver vom Magnet angezogen.

Die Stoffe bestehen aus Teilchen

Du hast schon viele verschiedene Stoffe kennengelernt: Wasser, Zucker, Salz und Eisen.
Diese Stoffe haben unterschiedliche Eigenschaften.
Aber warum ist das so?

📖 Das Teilchenmodell

▶ Lese-Profi S. 132

1 Alle Stoffe bestehen aus **sehr kleinen Bausteinen**.

2 Diese Bausteine nennen wir die **Teilchen**.

3 Die Teilchen vom **gleichen Stoff** sind **gleich**.

4 Die Teilchen von **unterschiedlichen Stoffen** sind **unterschiedlich**.

5 Deshalb haben **unterschiedliche Stoffe** auch

6 **unterschiedliche Stoffeigenschaften**.

7 Die Teilchen sind **sehr klein**.

8 Wir können sie selbst **mit dem Mikroskop nicht sehen**.

9 Wir können uns die Teilchen **nur vorstellen**.

10 Dafür verwenden wir das **Teilchenmodell**.

11 Das Teilchenmodell ist ein **ausgedachtes Modell**.

12 Wie die Teilchen in Wirklichkeit aussehen, wissen wir nicht.

13 Die Teilchen vom **gleichen Stoff** werden

14 **immer in der gleichen Größe, Farbe und Form gezeichnet**.

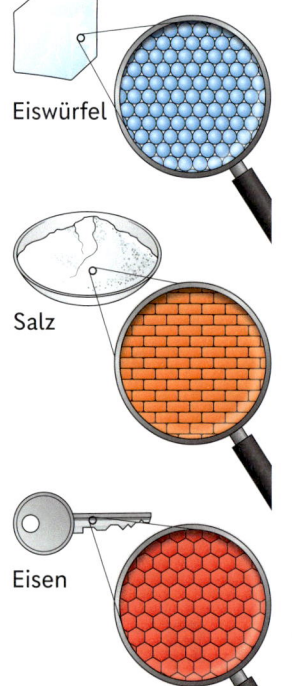

Eiswürfel

Salz

Eisen

✎ **1** Malik, Janina und Laura haben sich Teilchenmodelle ausgedacht. Sie haben Teilchen vom gleichen Stoff gezeichnet.

Welche Zeichnungen vom Teilchenmodell sind richtig? Kreuze an.

☐ Malik   ☐ Janina   ☒ Laura

Die Stoffe bestehen aus Teilchen

✏️ **2** Gehören die Teilchen zum gleichen Stoff oder nicht?
Schreibe „Ja" oder „Nein" in die Tabelle.

Die Teilchen				Gleicher Stoff: ja oder nein?
(blaue Rechtecke)	(blaue Rechtecke)	(blaue Rechtecke)	(blaue Rechtecke)	Ja
(blaue Rechtecke)	(orange Kreise)	(gelbe Dreiecke)	(gelbe Sechsecke)	
(rote Sechsecke)	(violette Sechsecke)	(grünes Sechseck)	(gelbe Sechsecke)	
(großer orange Kreis)	(orange Kreise)	(orange Kreise)	(kleine orange Kreise)	

✂️✏️ **3** Laura hat weitere Teilchen für ihr Teilchenmodell gezeichnet.
Verbinde den Stoffnamen mit den passenden Teilchen.

Lauras Teilchenwelt				
Zucker-teilchen	Goldteilchen	Silber-teilchen	Wasser-teilchen	Eisenteilchen
(braunes Rechteck)	(gelber Kreis)	(blauer Stern)	(blauer Kreis)	(orange Sechseck)

(blaue Sterne)	(orange Rechtecke)	(gelbe Kreise)	(orange Sechsecke)	(blaue Kreise)

Die Aggregatzustände

✎ **1** Stoffe können fest, flüssig oder gasförmig sein.
Kreuze an: Wie nennen wir diese drei Eigenschaften?

☐ die Aggregatzustände ☐ die Stoffformen ☐ die Stoffadjektive

✎ **2** Kannst du die verschiedenen Aggregatzustände von Wasser finden? ▶ 🖥 Video
Kreise die Aggregatzustände von Wasser in dem Bild ein.

✎ **3** Welche Aggregatzustände kann Wasser haben? Schreibe es in die Lücken.

Wasser gefriert bei niedrigen Temperaturen zu Eis. Wir nennen diesen

Aggregatzustand _____. Wasser wird bei hohen Temperaturen zu

Wasserdampf. Wir nennen diesen Aggregatzustand _____.

Bei Zimmertemperatur ist das Wasser _____.

✎ **4** Wovon hängt der Aggregatzustand von einem Stoff ab? Kreuze an.

☐ von der Temperatur ☐ von der Farbe ☐ von der Größe

Die Aggregatzustände

Das Eis, das Wasser und der Wasserdampf bestehen aus den gleichen Teilchen. Was passiert mit den Teilchen, wenn sich der Aggregatzustand ändert?

📖 Die Aggregatzustände im Teilchenmodell

▶ Lese-Profi S. 132

▶ 👆 Video

1 Der Aggregatzustand von Eis ist **fest**.
2 Die Wasserteilchen sind **regelmäßig** angeordnet.
3 Sie **zittern an ihrem Platz**.
4 Sie **ziehen sich gegenseitig an**.

5 Der Aggregatzustand von Wasser ist **flüssig**.
6 Die Wasserteilchen sind **durcheinander**.
7 Sie bleiben **nicht mehr an ihrem Platz**.
8 Sie **bewegen sich umeinander herum**.
9 Sie **ziehen sich gegenseitig an**.

10 Der Aggregatzustand von Wasserdampf ist **gasförmig**.
11 Die Wasserteilchen verteilen sich **überall**.
12 Sie **bewegen sich sehr schnell**.
13 Sie sind **sehr weit auseinander**.

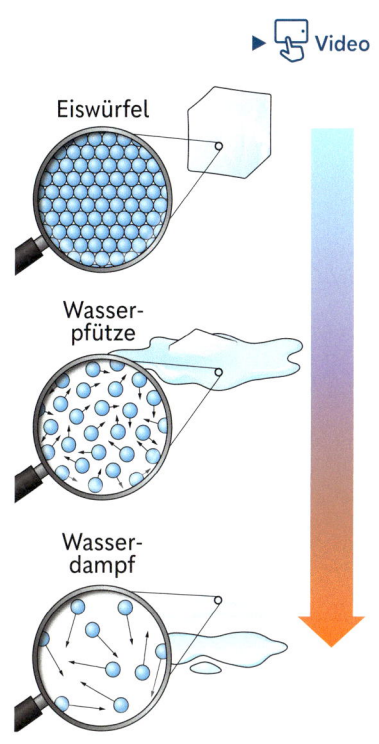

Eiswürfel

Wasser-pfütze

Wasser-dampf

> **! Allgemein gilt:**
> Wenn die **Temperatur steigt**, dann werden die **Teilchen** immer **schneller**.

 5 Was passt zueinander? Verbinde.

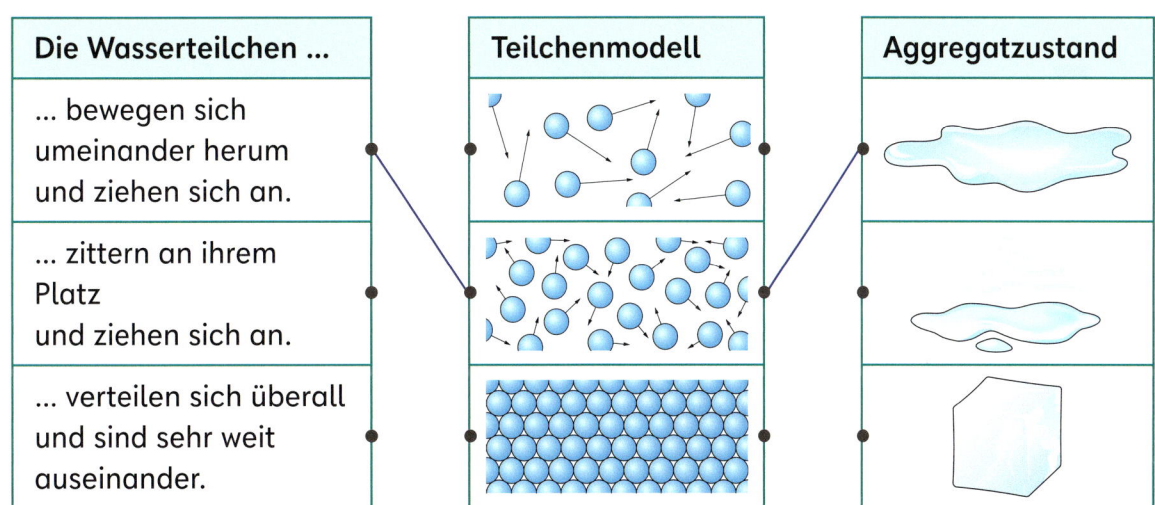

Die Wasserteilchen ...	Teilchenmodell	Aggregatzustand
... bewegen sich umeinander herum und ziehen sich an.		
... zittern an ihrem Platz und ziehen sich an.		
... verteilen sich überall und sind sehr weit auseinander.		

Die Reinstoffe und die Stoffgemische

📖 Woraus bestehen Stoffe?

▶ Lese-Profi S. 132

1 Die Stoffe können aus **einer Stoffart**

2 oder aus **mehreren Stoffarten** bestehen.

3 In der Natur bestehen **fast alle Stoffe aus mehreren Stoffarten**.

4 Diese Stoffe nennen wir die **Stoffgemische**.

5 Der **Granit** besteht aus mehreren Stoffarten.

6 Der Granit ist ein Stoffgemisch.

7 In der Natur bestehen Stoffe nur **sehr selten aus einer Stoffart**.

8 Diese Stoffe nennen wir die **Reinstoffe**.

9 Ein Goldnugget besteht nur aus **Gold**.

10 Das Gold ist ein Reinstoff.

Granit

Gold

Wie sehen die Reinstoffe und die Stoffgemische im Teilchenmodell aus?

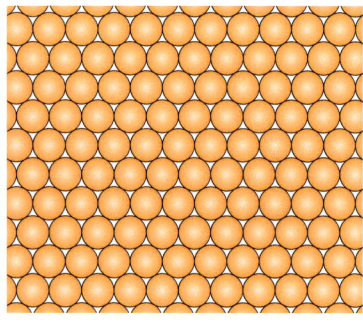

Reinstoff

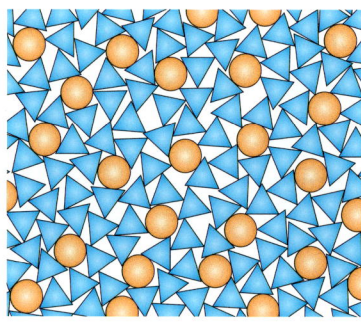

Stoffgemisch aus 2 Stoffen

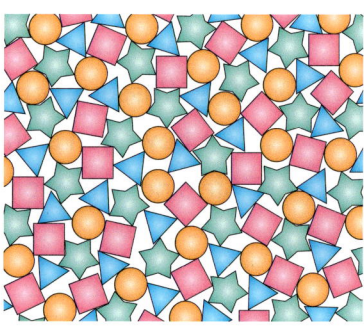

Stoffgemisch aus 4 Stoffen

> Die **Reinstoffe** bestehen nur aus **einer Teilchenart**.
> Die **Stoffgemische** bestehen aus **mehreren Teilchenarten**.

1 Laura hat Zuckerwasser im Teilchenmodell gezeichnet.
Ist Zuckerwasser ein Reinstoff oder ein Stoffgemisch?

👁 **a)** Schau dir das Bild vom Zuckerwasser im Teilchenmodell an.

✏ **b)** Kreuze den richtigen Satz an.

 Zuckerteilchen

 Wasserteilchen

☐ Das Zuckerwasser besteht nur aus einer Teilchenart. Es ist ein Reinstoff.

☐ Das Zuckerwasser besteht aus zwei Teilchenarten. Es ist ein Stoffgemisch.

Lexikon & Quiz 🔍

Aktiv: Stoffe mischen

🧪 **1** Experimente mit einer Lavalampe

▶ Experimentier-Profi S. 133

Das brauchst du: ein Becherglas, Wasser, Pflanzenöl, etwas Lebensmittelfarbe, eine Brausetablette.

👁 💬 **a)** Schau dir das Bild von der Lavalampe an. Was fällt dir auf?

✏ **b)** Ist in der Lavalampe ein Reinstoff oder ein Stoffgemisch?
Schreibe eine Vermutung auf.

✋ **c)** Befülle das Becherglas jeweils zur Hälfte mit Wasser und Pflanzenöl.

✏ **d)** Zeichne die Teilchen vom Öl und vom Wasser in den Kasten.
Entscheide selbst, wie die Teilchen aussehen sollen.

✋ **e)** Tropfe etwas Lebensmittelfarbe in das Becherglas.

✏ **f)** Was stellst du fest?
Schreibe die passenden Antworten in die Lücken.

Es befinden sich _____ Stoffe in dem Becherglas.

In dem Becherglas befindet sich also ein _____.

✏ **g)** Zeichne die Teilchen vom Öl, vom Wasser
und von der Lebensmittelfarbe in den Kasten.
Entscheide selbst, wie die Teilchen aussehen sollen.

✋ **h)** Wirf die Brausetablette in das Becherglas.
Nun wird aus deinem Stoffgemisch eine Lavalampe!

Aktiv: Stoffe trennen

🧪 👥 **1** Das Muschel-Experiment ▶ **Experimentier-Profi S. 133**

 Im **Meer** leben viele **Muscheln**.
Sie **ernähren sich von winzigen Lebewesen** im Wasser.
Sie müssen ihre **Nahrung vom Wasser trennen**.
Wir nennen das **Filtrieren**.

Können wir durch das Filtrieren auch andere Stoffe voneinander trennen?

Das braucht ihr: ein Becherglas, Sand, Wasser, einen Löffel,
einen Erlenmeyerkolben, einen Trichter, einen Filter aus Papier.

Stellt ein Gemisch aus Sand und Wasser her.

✋ **a)** Gebt drei Löffel Sand in das Becherglas.

✋ **b)** Füllt das Becherglas mit Wasser auf.

✋ **c)** Rührt den Sand und das Wasser kräftig mit einem Löffel um.

✏ **d)** Ihr habt ein Stoffgemisch aus Wasser und Sand hergestellt!
Zeichne die Teilchen vom Sand und vom Wasser in den Kasten.
Entscheide selbst, wie die Teilchen aussehen sollen.

Trennt den Sand vom Wasser.

✋ **a)** Baut alles wie in dem Bild auf.

👁 **b)** Lies dir das Protokoll
auf der nächsten Seite durch.

✗✏ **c)** Wähle die passenden Vermutungen
aus dem Protokoll aus. Kreuze sie an.

✋ **d)** Kippt das Stoffgemisch aus dem Sand
und dem Wasser in den Filter.

✏ **e)** Schreibe deine Beobachtungen in das Protokoll.

✏ **f)** Schreibe deine Auswertung in das Protokoll.

▶ 📱 Video

Lexikon & Quiz 📱

Methode: Wir schreiben ein Protokoll!

▶ Experimentier-Profi S. 133

Dein Name: _____ **Datum:** _____

Frage: Können wir durch das Filtrieren den Sand und das Wasser
        voneinander trennen?

Vermutung: Wie könnte das Experiment ausgehen?
           Kreuze deine Vermutungen an.

☐ Ja, wir können durch das Filtrieren den Sand und das Wasser
   voneinander trennen.
    ☐ Der Sand bleibt in dem Filter hängen und das Wasser tropft
      in das Becherglas.
    ☐ Das Wasser bleibt in dem Filter hängen und der Sand tropft
      in das Becherglas.
☐ Nein, wir können durch das Filtrieren den Sand und das Wasser
   nicht voneinander trennen.
    ☐ Der Sand und das Wasser bleiben beide im Filter hängen.
    ☐ Der Sand und das Wasser tropfen beide in das Becherglas.

Beobachtung: Was kannst du bei der Durchführung vom Experiment
             beobachten? Schreibe es auf.

Auswertung: Schau dir deine Frage und deine Vermutungen vom Anfang an.
            Stimmen deine Vermutungen? Was ist die Antwort auf deine Frage?
            Schreibe es auf.

Das Wasser und das Leben

👁 💬 **1** **a)** Schau dir die Bilder an. Was haben diese Bilder gemeinsam?
Sprecht in der Klasse.

✏ **b)** Wofür brauchen wir Wasser? Schreibe weitere Ideen auf.

_____

_____

📖 **Die Lebewesen brauchen Wasser**   ▶ Lese-Profi S. 132

1 Das Wasser ist für viele Lebewesen ein wichtiger Lebensraum.

2 Ein Wal lebt zum Beispiel im Wasser.

3 Die meisten Lebewesen bestehen auch selbst aus Wasser.

4 Wir Menschen bestehen zu mehr als der Hälfte aus Wasser.

5 Eine Gurke besteht fast nur aus Wasser.

6 Die meisten Lebewesen verlieren über den Tag hinweg Wasser.

7 Sie brauchen aber Wasser zum Überleben.

8 Deshalb müssen sie Wasser aufnehmen.

9 Wir Menschen trinken deshalb regelmäßig Trinkwasser.

10 Wir Menschen nutzen das Wasser außerdem für viele verschiedene Sachen.

11 Zum Beispiel für den Wassersport, zum Waschen oder zum Putzen.

12 Aber auch für Forschungsschiffe oder Transportschiffe brauchen wir Wasser.

13 Wenn wir Menschen Wasser nutzen, dann nennen wir das den Wasserverbrauch.

14 Alle Menschen verbrauchen Wasser.

15 Nicht alle Menschen verbrauchen gleich viel Wasser.

16 Der Wasserverbrauch der Menschen unterscheidet sich also.

Das Wasser und das Leben

2 Mein Wasserverbrauch

🖊 **a)** Überlege, wofür du zu Hause Wasser benutzt.
   Schreibe eine Liste.

💬 **b)** Sprecht über eure Ergebnisse in der Klasse.

🖊 **c)** Ergänze deine Liste.

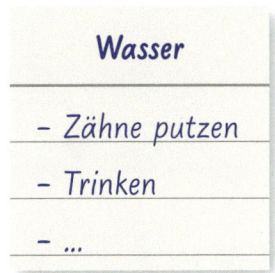

Wasser

– Zähne putzen

– Trinken

– ...

📖 **Trinkwasser ist wertvoll**

► Lese-Profi S. 132

1 Mehr als die Hälfte der Erde ist mit Wasser bedeckt.

2 Das meiste Wasser auf der Erde ist salzig.

3 Wir nennen dieses Wasser das Salzwasser.

4 Nur wenig Wasser auf der Erde ist nicht salzig.

5 Wir nennen dieses Wasser das Süßwasser.

6 Das Süßwasser können wir trinken.

7 Wir nennen es deshalb auch Trinkwasser.

8 Nicht alle Menschen auf der Erde haben sauberes Trinkwasser.

9 Dafür gibt es verschiedene Gründe:

10 • Nicht jeder Ort auf der Erde hat gleich viel Wasser.

11 An einigen Orten gibt es nicht genug Wasser für alle Menschen.

12 • Der menschengemachte Klimawandel führt zu mehr Hitze und Trockenheit.

13 Bei Hitze und Trockenheit gibt es weniger Wasser auf der Erde.

14 Wenn ein Mensch zu wenig oder dreckiges Trinkwasser trinkt, dann wird er krank.

👁 **3** **a)** Schau dir die Ideen zum Wassersparen an.

Dusche lieber, anstatt zu baden.

Gieße deine Pflanzen mit Regenwasser.

Drehe den Wasserhahn beim Einseifen deiner Hände zu.

🖊 **b)** Schreibe eine weitere Möglichkeit auf, wie du Wasser sparen kannst.

🖊 **c)** Wie sparst du Wasser?
   Schreibe es an deinen ökologischen Handabdruck auf Seite 134.

Lexikon & Quiz 🖱

Der Wasserkreislauf

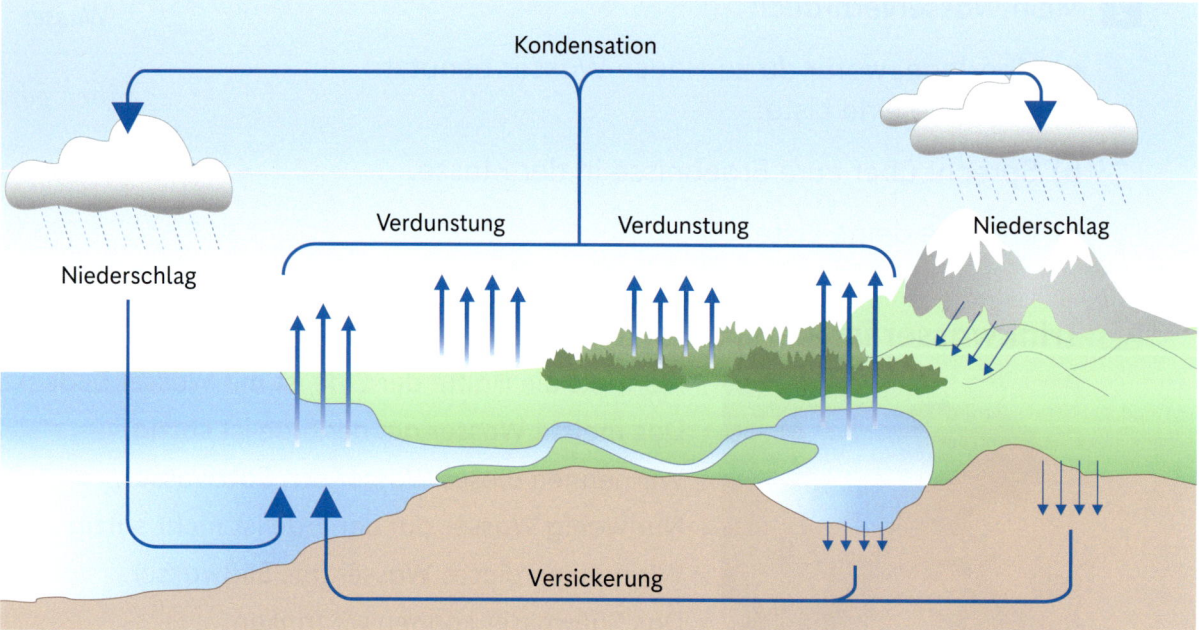

👁 🗨 **1** Schau dir das Bild an. Was passiert mit dem Wasser? Sprecht in der Klasse.

📖 **Der Kreislauf vom Wasser**

▶ Lese-Profi S. 132

▶ 🖱 Video

1 Das gesamte Wasser auf der Erde ist ständig in Bewegung.

2 Dabei geht kein Wasser verloren.

3 Das nennen wir den Wasserkreislauf.

4 Die Sonne erwärmt die Erde.

5 Ein Teil vom Wasser im Meer, in den Seen und an Land wird gasförmig.

6 Das gasförmige Wasser steigt nach oben in den Himmel auf.

7 Das nennen wir die Verdunstung.

8 Ganz weit oben im Himmel ist es kälter.

9 Dadurch wird das Wasser wieder flüssig.

10 Es bilden sich kleine Wassertropfen.

11 Wir sehen diese Wassertropfen als Wolken.

12 Das nennen wir die Kondensation.

13 Wenn die Wassertropfen zu schwer werden, dann fallen sie nach unten.

14 Das nennen wir den Niederschlag oder den Regen.

15 Das Wasser gelangt zurück in das Meer und in die Seen.

16 Das Wasser gelangt auch in den Boden.

17 Das nennen wir die Versickerung.

18 Das Wasser im Boden nennen wir das Grundwasser.

Der Wasserkreislauf

✎ **2** Schreibe die passenden Wörter in die Kästchen.

→ Der Wasserkreislauf • Verdunstung • Kondensation •
Wolken • Regen • Versickerung

Tipp
Drehe das Heft auf
die Seite.

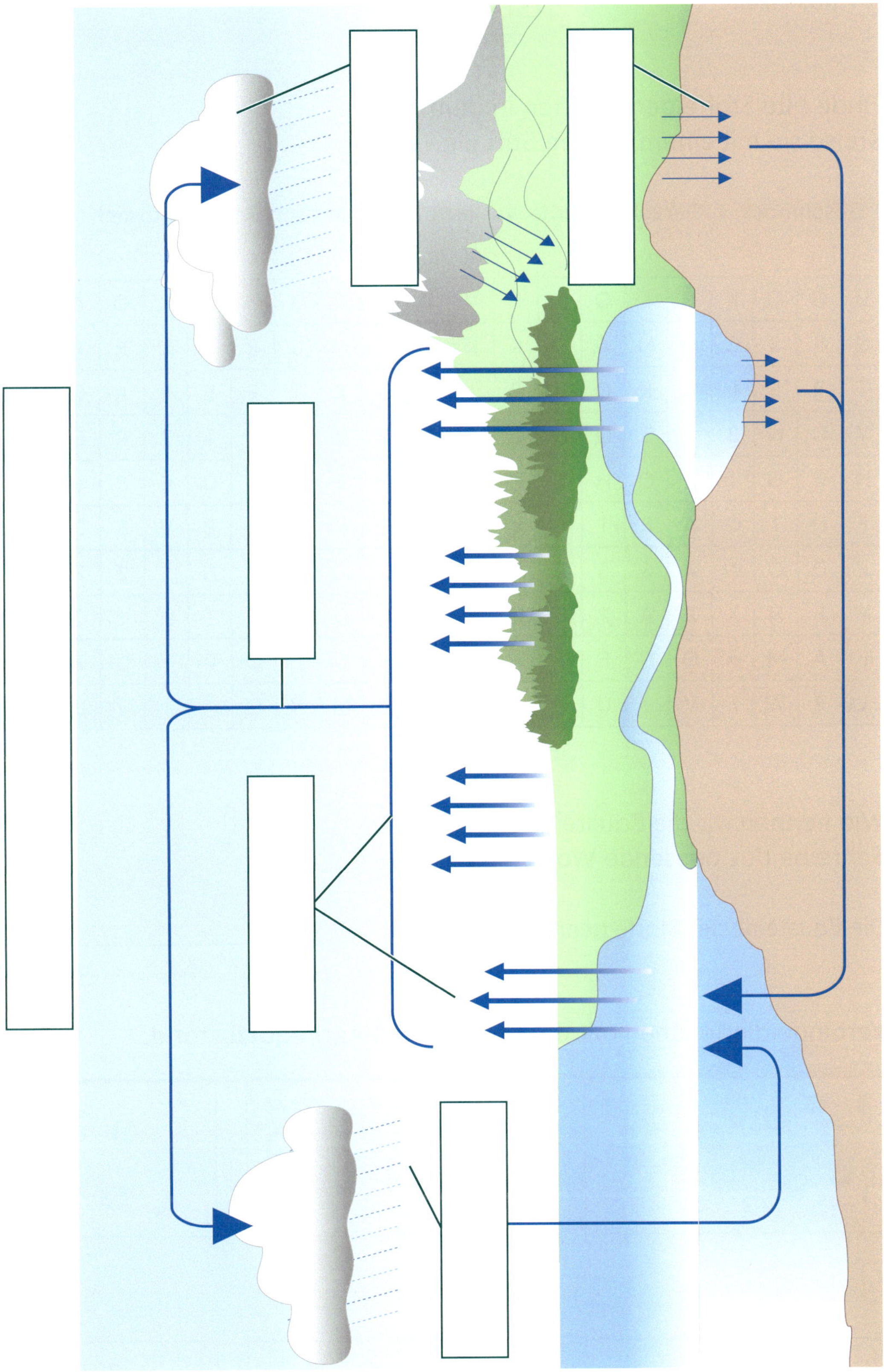

1 Gegenstand oder Stoff? Kreuze alle Stoffe an.

☐ die Schüssel ☐ das Plastik

☐ der Zucker ☐ das Meerwasser

☐ das Eisen ☐ der Stift

2 Finde alle Stoffeigenschaften in dem Rätsel.
Kreise sie mit einem bunten Stift ein.

→ Geschmack • Geruch • Farbe • Härte • magnetisch • wasserlöslich • brennbar

U	G	O	K	N	E	Q	I	K	V	Z	R	C	J	U	V	K	O	Ä	B	Y
G	E	S	C	H	M	A	C	K	K	Z	I	M	J	R	K	K	F	P	R	E
T	R	B	L	E	K	Q	J	R	I	H	Ä	R	T	E	E	R	A	O	E	U
Y	U	N	B	I	T	Q	Ä	Z	T	G	B	B	D	F	T	Z	R	G	N	F
N	C	G	T	L	O	H	V	H	M	R	T	E	O	L	U	E	B	L	N	P
F	H	T	G	A	R	T	B	V	B	S	Q	B	H	E	B	V	E	G	B	L
E	D	Ö	W	A	S	S	E	R	L	Ö	S	L	I	C	H	S	Z	E	A	I
M	F	H	X	P	Ä	P	E	H	T	F	K	D	A	T	T	H	I	Q	R	E
E	A	M	A	G	N	E	T	I	S	C	H	S	P	O	P	T	U	Z	H	D
L	R	W	F	V	J	U	Q	T	Ä	Ü	F	M	N	Q	Ä	I	J	J	W	E

3 Wie nennen wir die Bausteine der Stoffe?
Schreibe das passende Wort in die Lücke.

Die Bausteine der Stoffe nennen wir _____.

4 Verbinde die Teilchen mit dem passenden Aggregatzustand.

fest	flüssig	gasförmig

5 Ist der Stoff ein Reinstoff oder ein Stoffgemisch?
Schreibe **Reinstoff** oder **Stoffgemisch** in die passende Lücke.

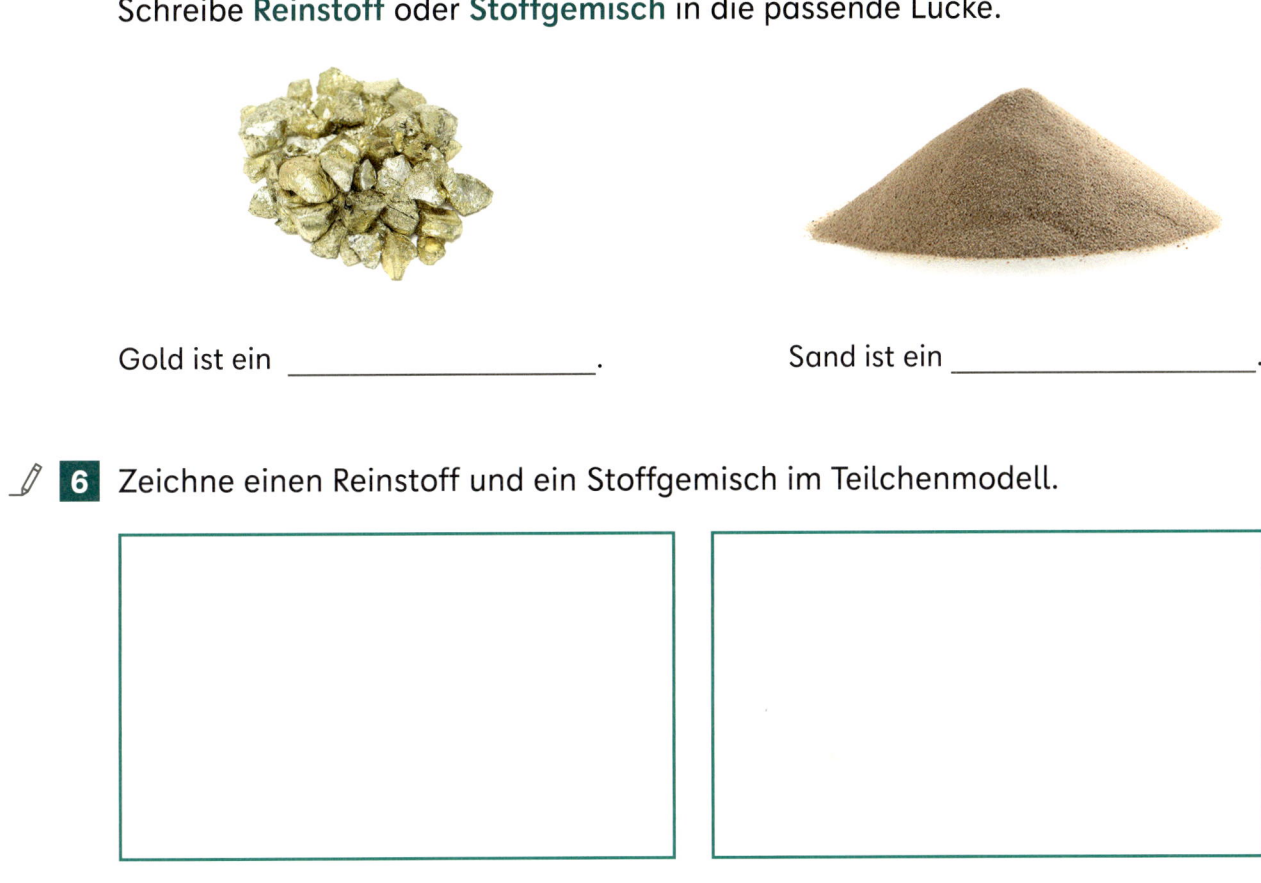

Gold ist ein _____.

Sand ist ein _____.

6 Zeichne einen Reinstoff und ein Stoffgemisch im Teilchenmodell.

7 Welche Sätze stimmen? Kreuze die richtigen Sätze an.

Kein Lebewesen braucht Wasser zum Überleben.	☐
Das meiste Wasser auf der Erde ist Süßwasser.	☐
Nicht alle Menschen haben sauberes Trinkwasser.	☐
Wir nennen den Weg vom Wasser durch den menschlichen Körper den Wasserkreislauf.	☐
Die einzelnen Schritte im Wasserkreislauf nennen wir die Verdunstung, die Kondensation, den Niederschlag und die Versickerung.	☐
Wenn es regnet, dann nennen wir das den Niederschlag.	☐

8 **a)** Überprüfe deine Antworten.

b) Schätze dich selbst ein. Male dazu 1, 2 oder 3 Smileys aus.

So gut kenne ich mich mit den Stoffen aus: ☺ ☺ ☺

Teste dich!

Die Menschen und der Müll

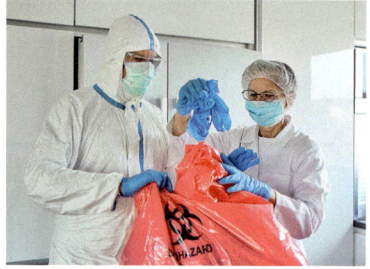  

1 **a)** Schau dir die Bilder genau an. Was kannst du alles erkennen?

b) Sprecht zu zweit über eure Beobachtungen.

c) Wo entsteht überall Müll? Schreibe zwei Beispiele aus den Bildern auf.

_____

_____

2 Welchen Aggregatzustand kann Müll haben?
Schau dir die Bilder an und kreuze den passenden Aggregatzustand an.

Dieser Müll ist ...

☐ fest

☐ flüssig

☐ gasförmig

Dieser Müll ist ...

☐ fest

☐ flüssig

☐ gasförmig

Dieser Müll ist ...

☐ fest

☐ flüssig

☐ gasförmig

📖 Was ist Müll?

▶ Lese-Profi S. 132

1 **Müll** ist alles, was wir **wegwerfen**.

2 Ein anderes Wort für Müll ist **Abfall**.

3 Der Müll ist meistens **fest** oder **flüssig**.

4 Müll entsteht **überall**. Zum Beispiel **zu Hause**.

5 Viele Dinge sind in **Plastik** eingepackt.

6 Diese **Verpackungen** werfen wir weg.

7 Manchmal müssen wir auch **Lebensmittel** wegwerfen.

8 Müll entsteht zum Beispiel auch in **Werkstätten**.

9 **Altes Motoröl** und **kaputte Reifen**

10 können nicht mehr benutzt werden.

11 Sie werden weggeworfen.

👁 **3** **a)** Schau dir das Diagramm genau an.

> **Tipp**
> In dem Diagramm siehst du, wie viel Kilogramm Müll
> durch einen einzigen Menschen jeden Tag entstehen.
> Du siehst, dass sich die Menge an Müll in den Regionen unterscheidet.

✏ **b)** In welcher Region entsteht durch einen einzigen Menschen
am meisten Müll pro Tag? Schreibe es auf.

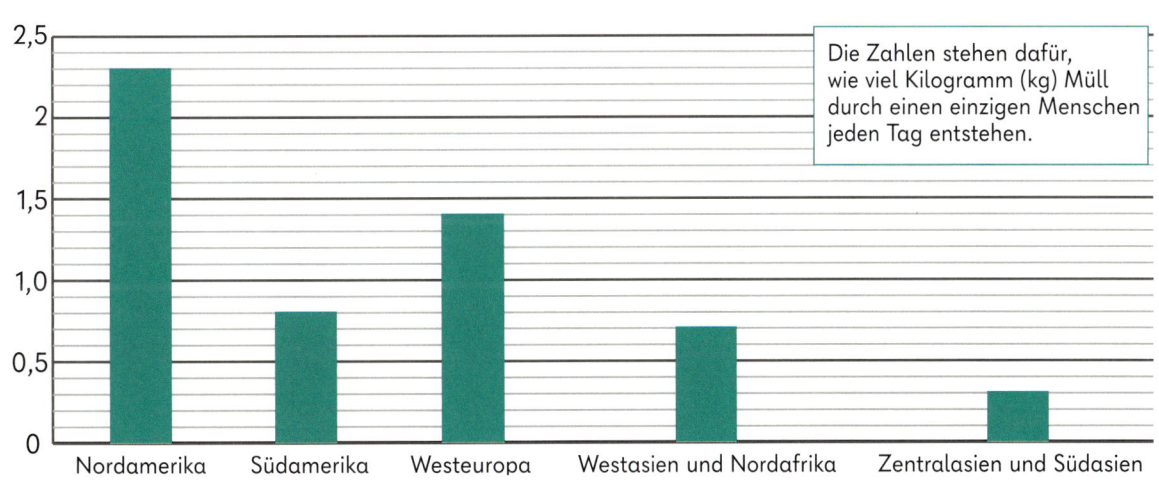

Die Zahlen stehen dafür, wie viel Kilogramm (kg) Müll durch einen einzigen Menschen jeden Tag entstehen.

Vom Rohstoff zum Müll

📖 Der Verbrauch von Rohstoffen

▶ Lese-Profi S. 132

1 Aus Stoffen stellen wir Gegenstände für unser tägliches Leben her.

2 Diese **Stoffe** kommen **aus der Natur**.

3 Wir nennen sie die **Rohstoffe**.

4 Rohstoffe sind zum Beispiel **Holz** oder Lebensmittel wie **Mais**.

5 **Wertvolle und seltene Metalle** wie zum Beispiel **Gold** sind auch Rohstoffe.

6 Brot, Fahrräder, Plastiktüten und Kleidung sind **keine Rohstoffe**.

7 Sie werden aber **aus Rohstoffen gemacht**.

8 Die Natur kann jedes Jahr **nur eine bestimmte Menge**

9 an Rohstoffen herstellen.

10 Irgendwann sind die Rohstoffe **verbraucht**.

11 Die **Menge an Rohstoffen, die der Mensch verbraucht**,

12 nennen wir den **ökologischen Fußabdruck**.

13 Die **Menschen verbrauchen** jedes Jahr

14 **mehr Rohstoffe, als die Natur herstellen kann**.

15 Das ist **nicht gut** für die Natur. Es macht die Natur **kaputt**.

16 Deshalb müssen wir **sparsam mit den Rohstoffen umgehen**.

 1 Was ist ein Rohstoff? Kreise alle Rohstoffe ein.

> **Tipp**
> Rohstoffe kommen aus der Natur.

Vom Rohstoff zum Müll

2 **a)** Welche Rohstoffe sind in einem Smartphone?
Schau dir das Bild an und schreibe die Rohstoffe auf.

_____

_____

_____

_____

1 Tonne
Smartphones

240g Gold

2,5 kg Silber

92kg Kupfer

38kg Kobalt

b) Welcher Rohstoff ist in einer Tonne Smartphones
am meisten enthalten? Kreuze an.

| ☐ Gold | ☐ Silber | ☐ Kupfer |

> **Tipp**
> 1 Tonne (t) =
> 1 000 Kilogramm (kg)

c) Wie nennen wir die Rohstoffe Gold und Silber in einem Smartphone noch?
Wähle das passende Wort aus der Klammer aus. Schreibe es in die Lücke.

Die Rohstoffe sind _____ (wertvolle / wertlose)

und _____ (häufige / seltene) Metalle.

3 **a)** Alle Gegenstände bestehen aus Rohstoffen.
Was kannst du machen, um Rohstoffe zu sparen? Kreuze an.

Jede Woche neue Kleidung kaufen.	☐
Mit einem wiederverwendbaren Einkaufsbeutel einkaufen gehen.	☐
Nur schlechte Lebensmittel wegschmeißen.	☐
Jedes Jahr ein neues Smartphone kaufen.	☐

b) Wie kannst du noch Rohstoffe sparen? Schreibe eine Idee auf.

_____

_____

c) Sprecht über eure Ideen in der Klasse.

d) Wie sparst du Rohstoffe?
Schreibe es an deinen ökologischen Handabdruck auf Seite 134.

Der Müll in der Natur

1 Der Müll in der Natur

👁 💬 **a)** Was siehst du auf den Bildern? Sprecht in der Klasse.

✏ **b)** Aus welchem Material sind die Gegenstände in den Bildern?
Wähle das passende Material aus dem Wortkasten aus.
Schreibe es in die rechte Spalte von der Tabelle.

→ • Plastik
• Metall
• Papier

Gegenstand	Material
Strohhalm	_____
Tüte	_____
Getränkedose	_____
Taschentuch	_____

👁 ✏ **c)** Schau dir die Bilder und deine Ergebnisse in der Tabelle noch mal an.
Aus welchem Material besteht der meiste Müll? Schreibe es auf.

Der meiste Müll besteht aus _____ .

Der Müll in der Natur

📖 Was passiert mit dem Müll in der Natur?

▶ Lese-Profi S. 132

▶  Video

1 Wenn wir den Müll in die Natur werfen,

2 dann nennen wir das Umweltverschmutzung.

3 Der Müll braucht in der Natur oft sehr lange, um sich von selbst zu zersetzen.

4 Dabei können gefährliche Stoffe in die Natur kommen.

5 Diese Stoffe nennen wir die Schadstoffe.

6 Die Schadstoffe können die Pflanzen, die Tiere und die Menschen krank machen.

7 Manchmal verwechseln die Tiere den Müll auch mit ihrer Nahrung.

8 Die Tiere essen den Müll und werden davon krank.

9 Manchmal verfangen sich die Tiere sogar im Müll.

10 Die Tiere können sich dann nicht mehr von allein befreien und verletzen sich.

👁 **2** a) Schau dir die Tabelle an.

💬 b) Wie lange bleibt der Müll in der Natur?
Sprecht in der Klasse.

✏️ c) Woraus besteht der Müll,
der besonders lange in der Natur bleibt?
Kreuze die richtige Antwort an.

Der Müll besteht aus ...

☐ Papier und Lebensmitteln.

☐ Metall, Plastik und Glas.

Gegenstand	Dauer
Taschentuch	6 Monate
Bananenschale	2 Jahre
Pizzakarton	3 Jahre
Chipstüte	80 Jahre
Getränkedose	200 Jahre
Plastikflasche	450 Jahre
Glasflasche	4 000 Jahre

 Methode: Mit dem Internet Informationen finden

Meeresschildkröten sind durch den Müll im Meer besonders in Gefahr.
Informiere dich im Internet über die Gefahren von Müll im Meer
für die Meeresschildkröten.

a) Überlege dir Suchwörter zu deinem Thema.

> **Tipp**
> Zu unserem Thema passen die Suchwörter „Meeresschildkröte, Müll, Gefahr".

b) Gib die Suchwörter in eine Kindersuchmaschine ein.

c) Wähle ein passendes Suchergebnis aus.

d) Lies dir die Informationen auf der Seite genau durch.

e) Schreibe die wichtigsten Informationen auf.

▶  Video

Die Müllvermeidung

📖 Den Verpackungsmüll vermeiden

▶ Lese-Profi S. 132

1 Nach dem Benutzen landen unsere **Verpackungen** häufig im Müll.

2 Wir nennen diesen Müll den **Verpackungsmüll**.

3 Es gibt **Einwegverpackungen** und **Mehrwegverpackungen**.

4 Die **Einwegverpackungen** können nur **einmal benutzt** werden.

5 Die **Mehrwegverpackungen** können **mehrmals benutzt** werden.

6 Den Verpackungsmüll wollen wir **vermeiden**.

7 Damit **schützen** wir die **Natur** und **sparen Rohstoffe**.

8 So kannst du Verpackungsmüll vermeiden:

9 • Kaufe möglichst Dinge **ohne Verpackungen**.

10 Nimm dafür zum Beispiel eigene Beutel und Taschen zum Einkaufen mit.

11 • Achte darauf, **Mehrwegverpackungen** zu **benutzen**.

12 Packe zum Beispiel dein Pausenbrot in eine wiederverwendbare Brotdose.

13 • Benutze **Einwegplastikverpackungen** nur dann,

14 wenn es **keine andere Möglichkeit** gibt.

✎ **1** Ist der Satz richtig oder falsch? Kreuze an.

	richtig	falsch
Wenn ich unverpackte Dinge kaufe, dann spare ich Rohstoffe und schütze die Natur.	☐	☐
Einwegverpackungen sind besser als Mehrwegverpackungen.	☐	☐
Einwegverpackungen bestehen häufig aus Plastik.	☐	☐

Lexikon & Quiz 🖥

Die Mülltrennung

📖 Warum trennen wir unseren Müll?

▶ Lese-Profi S. 132

1 Der Müll besteht aus **verschiedenen Stoffen**.

2 Dazu gehören zum Beispiel die **Wertstoffe**.

3 Die Wertstoffe können **noch mal benutzt werden**.

4 Wir nennen das das **Wiederverwerten**.

5 Ein anderes Wort für Wiederverwerten ist **Recycling**.

6 Materialien mit **ähnlichen Eigenschaften** gehören zu einer **Müllsorte**.

7 Es gibt sechs verschiedene Müllsorten:

8 **Verpackungsmüll**, **Altglas**, **Biomüll**, **Altpapier**, **Sondermüll** und **Restmüll**.

9 Wenn der Müll **richtig getrennt** wird,

10 dann können die Wertstoffe **meistens wiederverwertet** werden.

11 Damit **schützen** wir die **Natur** und **sparen Rohstoffe**.

1 Die Mülltrennung

Karla und Pablo sind umgezogen.
Beim Umzug ist ganz schön viel Müll entstanden.
Karla und Pablo wollen den Müll
in die richtigen Tonnen werfen.
Aber wo kommt was hin?

👁💬 **a)** Schau dir den Müll von Karla und Pablo an.
Welche Gegenstände haben sie dabei?
Aus welchen Materialien bestehen die Gegenstände? Sprecht zu zweit.

💬 **b)** Hast du die Tonnen, vor denen Karla und Pablo stehen,
schon mal gesehen? Sprecht in der Klasse.

✏ **c)** Welcher Gegenstand kommt in welche Tonne?
Schreibe für die Dosen und für die Zeitung deine Vermutungen auf.

Die Dosen kommen in _____

Die Zeitung kommt in _____

Die Müllsorten

📖 Die verschiedenen Müllsorten

▶ Lese-Profi S. 132

▶ 🖥 Video

1 Viele Dinge werden in **Verpackungen aus Plastik oder Metall** verkauft.
2 Wir sammeln **Verpackungsmüll** in einer **gelben Tonne** oder in einem **gelben Sack**.

3 Getränke und Lebensmittel werden auch in **Glasflaschen** oder **Gläsern** verkauft.
4 Wir sammeln das **Altglas** in einem **Altglas-Container**.

5 **Essensreste** und **tote Pflanzen** gehören zum **Biomüll**.
6 Wir sammeln den Biomüll in einer **grünen Tonne** oder in einer **braunen Tonne**.

7 Alte Schmierzettel oder Zeitschriften bestehen aus **Papier** oder **Pappe**.
8 Wir sammeln das **Altpapier** in einer **blauen Tonne** oder in einem **blauen Sack**.

9 Dinge aus **gefährlichen Materialien** gehören zum **Sondermüll**.
10 Das sind zum Beispiel **leere Batterien** oder **alte Smartphones**.
11 Wir sammeln den Sondermüll an **unterschiedlichen Orten**.

12 **Alles andere** gehört zum **Restmüll**.
13 Zum Beispiel ein **alter Textmarker** oder ein **benutztes Taschentuch**.
14 Wir sammeln den Restmüll in einer **schwarzen Tonne** oder in einem **schwarzen Sack**.

✏ **1** Schreibe das passende Wort in die Kästchen.

→   Verpackungsmüll • Biomüll • Altpapier • Restmüll

2 Was gehört in welche Tonne? Verbinde die richtigen Bilder miteinander.

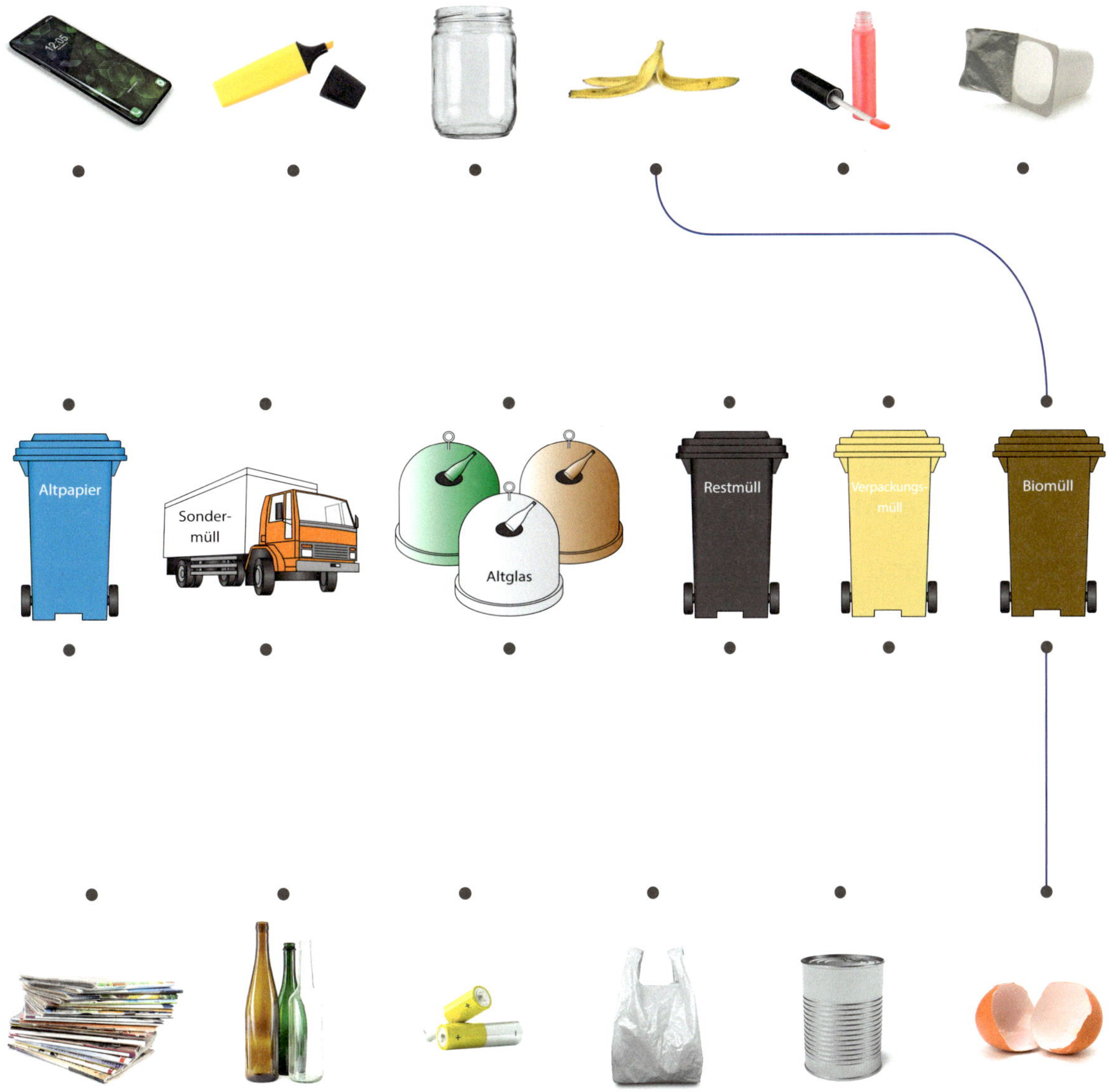

📖 Was passiert beim Recycling?

▶ Lese-Profi S. 132

▶ 👆 Video

1 Aus dem **Verpackungsmüll** werden **neue Verpackungen**
2 oder **andere Gegenstände** hergestellt.
3 Aus dem **Altglas** wird **neues Glas** hergestellt.
4 Aus dem **Altpapier** wird **neues Papier** hergestellt.
5 Der **Restmüll** wird **verbrannt**.
6 Dabei wird die Energie aus dem Müll in **Wärmeenergie** umgewandelt.
7 Die Wärmeenergie kann dann für andere Dinge genutzt werden.
8 Der **Biomüll** wird **gesammelt** und **aufgeschichtet**.
9 Durch die Hilfe von **Bakterien**, **Pilzen** und **kleinen Bodentieren** entsteht **neue Erde**.
10 Diese Erde ist **besonders gut für Pflanzen**.
11 Wir nennen diese Erde den **Kompost**.

Der Kompost und seine Lebewesen

Bakterien, Pilze und kleine Bodentiere stellen aus dem Biomüll neue, wertvolle Erde her. Wir nennen diese Erde den Kompost.

 ▶ Video

1 Welche Lebewesen wandeln den Biomüll in neue, wertvolle Erde um?
Schreibe die Namen der Lebewesen in die Lücke.

In einem Kompost wandeln _____

_____ den Biomüll in neue Erde um.

2 Frieda hat einen eigenen kleinen Kompost im Garten.
Sie hat einen Comic gemalt, damit alle wissen,
welcher Müll auf ihren Kompost darf.

a) Schau dir den Comic an.

b) Überlege, welche Dinge auf einen Kompost dürfen und welche nicht?
Kreuze den richtigen Satz an.

☐ Rohes Gemüse, Obst, Kaffee, Tee und Eierschalen dürfen auf den Kompost.

☐ Fleisch, Fisch, Milchprodukte, Plastik und Metall dürfen auf den Kompost.

Der Kompost und seine Lebewesen

📖 Die wirbellosen Tiere

▶ Lese-Profi S. 132

▶  Video

1 In einem Kompost leben **kleine Bodentiere**.
2 Zum Beispiel **Würmer** und **Asseln**.
3 Diese kleinen Bodentiere haben **keine Knochen** im Körper.
4 Sie haben also **keine Wirbelsäule**.
5 Wir nennen sie deshalb die **wirbellosen Tiere**.
6 Zu den wirbellosen Tieren gehören zum Beispiel auch
7 **Ameisen**, **Schnecken**, **Spinnen** und **Schmetterlinge**.
8 Es gibt sogar wirbellose Tiere im **Meer**. Zum Beispiel die **Quallen**.

✋ Methode: Tiere beobachten

1 Wenn du ein Tier **beobachtest**,

▶ Lese-Profi S. 132

2 dann kannst du mehr über das Tier **herausfinden**.
3 Gehe beim Beobachten **vorsichtig** und **respektvoll** mit den Tieren um.
4 Zum Beobachten von Tieren kannst du **Hilfsmittel** benutzen.
5 Zum Beispiel eine **Lupe** oder ein **Lineal**.
6 Beim Beobachten füllst du einen **Beobachtungsbogen** aus.
7 Auf den Beobachtungsbogen schreibst du deinen **Namen**, das **Datum**,
8 deine **Hilfsmittel**, den **Tiernamen** und deine **Beobachtungen**.
9 Du kannst auch **Fragen** zu deinem Tier aufschreiben.
10 Außerdem zeichnest du eine **Skizze**.

Probiere es aus:

a) Besorge alle Hilfsmittel, die du zum Beobachten brauchst.

b) Bereite den Beobachtungsbogen vor.

c) Suche dir ein wirbelloses Tier aus.

d) Fülle den Beobachtungsbogen für dein Tier aus. Schreibe alles auf, was du beobachtest.

Name: Karim
Datum: 16.09.2024
Hilfsmittel: Lupe, Lineal
Tiername: Schnecke
Skizze:

Beobachtungen:
• bewegt sich langsam …

Aktiv: Was macht der Regenwurm im Boden?

 **1** Die Regenwürmer beobachten

▶ Experimentier-Profi S. 133

Das braucht ihr: ein paar Blätter, dunkle Erde, hellen Sand, ein großes Glas mit einem durchlöcherten Deckel, eine Sprühflasche mit Wasser, Regenwürmer, ein dunkles Tuch, eine Kamera, einen Drucker, ein Plakat, einen Klebestift.

> **Tipp**
> Gehe mit den Regenwürmern vorsichtig und respektvoll um.
> Regenwürmer findest du in der Zoohandlung oder in der Natur.
> Wenn du fertig mit dem Experiment bist,
> dann bring die Regenwürmer zurück in die Natur.

 a) Füllt abwechselnd eine dicke Schicht dunkle Erde und eine dünne Schicht hellen Sand in das Glas. Achtung: Macht das Glas nicht ganz voll!

b) Legt ein paar Blätter oben in das Glas.

c) Sprüht mit der Sprühflasche etwas Wasser in das Glas.

d) Legt die Regenwürmer vorsichtig in das Glas.

e) Macht das Glas zu.

f) Legt das dunkle Tuch über das Glas.

g) Stellt das Glas an einen dunklen und kühlen Ort.

h) Kontrolliert das Glas für die nächsten zwei Wochen alle zwei Tage. Sprüht jedes Mal mit der Sprühflasche etwas Wasser in das Glas. Macht jedes Mal ein Foto vom Glas.

i) Klebt alle Fotos in der richtigen Reihenfolge auf ein Poster.

j) Schaut euch die Bilder an. Was fällt euch auf? Sprecht in der Klasse.

k) Schreibe die passenden Wörter in die Lücken.

→ durcheinander • Regenwürmer • gut

Am Anfang konnte ich die unterschiedlichen Schichten im Glas noch

_____ erkennen. Jetzt sind alle Schichten _____ .

Die _____ haben den Boden durchmischt.

 ▶ Video

Aktiv: Werdet kreativ!

Nicht alles muss direkt in den Müll wandern.
Du kannst alte Sachen zum Beispiel verkaufen, verschenken oder tauschen.
Du kannst aus Müll auch neue Dinge basteln.
Das nennen wir Upcycling.

 **1** Schrott-Wichteln – Alte Gegenstände verschenken

Das braucht ihr: Papierschnipsel, einen Stift, eine Schüssel,
ein heiles „Schrott-Geschenk".

a) Schreibe deinen Namen auf einen Papierschnipsel.

b) Legt alle Papierschnipsel in eine Schüssel.

c) Nehmt alle einen Papierschnipsel aus der Schüssel.

d) Schau dir den Namen auf dem Papierschnipsel an.
Verrate ihn niemandem!

e) Schenke der Person auf deinem Papierschnipsel
ein „Schrott-Geschenk".
Verschenke nur Gegenstände,
die du nicht mehr brauchst.
Verschenke nur heile Gegenstände.

 2 Upcycling – aus Alt macht Neu!

Das brauchst du: eine leere, saubere Blechdose ohne Deckel, einen Pinsel,
bunte Farben, eine Schere, einen Kleber, Pappe, Filz, Moosgummi,
Plastiktüten, Kreppband, Kronkorken, Perlen, Wolle, Glitzer, etc.

a) Stelle die Blechdose mit der Öffnung
nach oben auf den Tisch.

b) Male die Blechdose bunt an!
Lass deiner Fantasie freien Lauf.

c) Dekoriere deine Blechdose!
Dafür kannst du zum Beispiel Pappe, Filz,
Moosgummi, Plastiktüten, Kreppband,
Kronkorken, Perlen, Wolle oder Glitzer
benutzen.
Lass deiner Fantasie freien Lauf.

d) Fertig! Deine Blechdose sieht jetzt aus wie neu.
Nun kannst du sie als Stifthalter
oder als Blumenvase benutzen.

☺ Das kann ich!

✎ **1** Schreibe die passenden Wörter in die Lücken.

→ Plastik • Rohstoffen • Umweltverschmutzung • Müll

Unser Müll besteht aus vielen verschiedenen _____.

Wenn der _____ in die Natur geworfen wird,

dann nennen wir das _____.

Der Müll aus Metall, _____ und Glas bleibt sehr lange in der Natur.

✎ **2** Warum wollen wir Müll vermeiden und Müll trennen?
Kreuze die richtigen Antworten an.

Es gibt keinen Grund.	☐
Um die Natur zu schützen.	☐
Um Rohstoffe zu sparen.	☐

✎ **3** Wie heißen die sechs Müllsorten? Schreibe sie auf.

_____

_____

✎ **4** Was gehört in welche Tonne? Verbinde die richtigen Bilder miteinander.

 **Das kann ich!**

5 Wie können wir Rohstoffe sparen? Schreibe eine Möglichkeit auf.

Wir können Rohstoffe sparen, indem wir _____

_____

6 Finde alle Wörter zum Thema „Kompost" in dem Rätsel.
Kreise sie mit einem bunten Stift ein.

→ Bakterien • Pilze • Bodentiere • Kompost • Biomüll • wirbellos •
Würmer • Asseln • Eierschalen • Obst • Gemüse • Teebeutel

U	G	O	K	N	E	Q	I	K	V	Z	R	C	J	U	V	K	O	Ä	B	Y	V
A	E	Z	I	M	W	Ü	R	M	E	R	I	M	J	R	K	K	P	P	A	E	K
T	M	B	L	E	K	Q	J	R	I	O	B	S	T	E	E	R	I	O	K	U	I
Y	Ü	N	B	I	T	Q	Ä	Z	T	G	B	B	D	F	T	Z	L	G	T	F	T
N	S	G	T	L	O	H	V	H	M	R	T	E	O	L	U	E	Z	L	E	P	M
F	E	T	G	E	I	E	R	S	C	H	A	L	E	N	V	R	E	G	R	L	B
E	D	K	W	G	A	R	T	B	V	B	S	Q	B	H	H	S	Z	E	I	I	L
M	F	O	X	P	Ä	P	E	H	T	S	K	D	A	T	T	H	I	Q	E	E	T
E	A	M	A	E	N	E	U	Y	S	A	H	S	P	E	P	T	U	Z	N	D	S
L	R	P	F	V	J	U	Q	T	Ä	S	F	M	N	E	Ä	I	J	J	W	E	Ä
K	K	O	J	U	V	K	O	Ä	B	S	V	K	O	B	I	O	M	Ü	L	L	O
E	R	S	B	O	D	E	N	T	I	E	R	E	F	E	M	T	N	S	O	P	Ä
T	Z	T	I	T	Q	Ä	Z	T	G	L	G	N	F	U	J	P	E	H	T	E	N
X	Q	A	Z	T	G	V	H	M	R	N	L	N	P	T	I	L	X	T	P	V	J
D	H	V	E	U	U	R	S	C	H	E	E	B	L	E	P	A	V	S	O	K	K
T	T	B	V	B	S	T	B	V	B	U	M	D	E	L	W	R	P	A	G	E	R
Ä	Z	T	G	W	I	R	B	E	L	L	O	S	Ö	F	V	E	N	A	U	T	Z
H	B	L	N	K	R	R	I	E	K	N	E	Q	I	E	C	A	K	Z	E	K	Ü

7 **a)** Überprüfe deine Antworten.

b) Schätze dich selbst ein. Male dazu 1, 2 oder 3 Smileys aus.

So gut kenne ich mich mit dem Müll aus:

 Teste dich!

Unser Körper in Bewegung

1 a) Kreise alle bewegungsreichen Pausenaktivitäten in dem Bild ein.

b) Was machst du in der Pause? Sprecht zu zweit.

c) Welche Vorteile haben Sport und Bewegung für euch? Sprecht in der Klasse.

Bewegung hält dich fit

▶ Lese-Profi S. 132

1 Die **Bewegung tut** deinem **Körper gut**.

2 Durch **viel Sitzen** und **Liegen** kann dein Körper nämlich **krank** werden.

3 **Bewegung** hilft deinem Körper also, **gesund** zu bleiben.

4 Außerdem **hilft** dir Bewegung **beim Lernen**.

5 Wenn du dich **bewegst**, dann **fließt das Blut viel besser** durch deinen Körper.

6 Dein **Gehirn** kann dann **besser arbeiten**.

Aktiv: Wir spielen „Kommando"!

Die Spielregeln

- Eine Person übernimmt die Spielleitung.
- Nur die Spielleitung darf die Kommandos sagen.
- Du darfst ein neues Kommando nur dann ausführen, wenn das Wort „KOMMANDO" vorher gesagt wurde.
- Wenn du einen Fehler machst, setzt du dich auf deinen Platz.
- Ziel ist es, alle Schülerinnen und Schüler auszutricksen.
- Die letzte Schülerin oder der letzte Schüler hat gewonnen.
- Die Kommandos werden zuerst geübt. Danach beginnt das Spiel.

Die vier Kommandos

1. „Kommando Fuß"
   = auf der Stelle trippeln
2. „Kommando Bauch"
   = mit den Händen auf den Bauch trommeln
3. „Kommando Hand"
   = Arme hoch und winken
4. „Kommando Knie"
   = die Hände auf die Knie legen

2 Überlege: Wann sitzt du am Tag und wann bist du in Bewegung?

a) Lege für deinen Schultag eine Tabelle mit deinen Aktivitäten und der Dauer von deinen Aktivitäten an.
So könnte deine Tabelle aussehen:

Meine Aktivität	Dauer
Im Klassenzimmer sitzen	5 Schulstunden = 225 Minuten
Fußball-AG	2 Schulstunden = 90 Minuten
...	...

b) Vergleiche: Wie viel bewegst du dich? Wie viel sitzt du?
Was fällt dir auf?

c) Welche Möglichkeiten für Bewegung gibt es noch?
Sprecht in der Klasse.

▶  Video

Die Zellen

▶ Lese-Profi S. 132

📖 Unser Körper besteht aus Zellen

1 Unser Körper besteht aus **vielen kleinen Bausteinen**.

2 Diese Bausteine nennen wir die **Zellen**.

3 Jede Zelle erfüllt **viele Aufgaben**.

4 Jede Zelle **arbeitet mit vielen anderen Zellen zusammen**.

5 Eine Zelle hat **verschiedene Bestandteile**.

6 Die **Zellmembran** ist wie eine **Hülle**.

7 Die Zellmembran **schützt die Zelle** und **bestimmt,**

8 **was hinein- und herausgelassen wird**.

9 Das **Zellplasma** ist eine **Flüssigkeit** im **Inneren der Zelle**.

10 Das Zellplasma **umgibt** den **Zellkern** und die **Mitochondrien**.

11 Der **Zellkern** sieht aus wie eine große Kugel.

12 Der Zellkern ist das **Gehirn der Zelle**.

13 Der Zellkern **steuert alle Aktivitäten**.

14 Die **Mitochondrien** sind oval.

15 Die Mitochondrien sind die **Kraftwerke der Zelle**.

16 Die Mitochondrien **liefern die Energie** für die Arbeit der Zelle.

✏️ **1** Schreibe die passenden Wörter an die Zelle.

→ ~~Zellplasma~~ • Mitochondrien • Zellmembran • Zellkern

Tipp
Der Lesetext hilft dir,
die Aufgabe zu lösen.

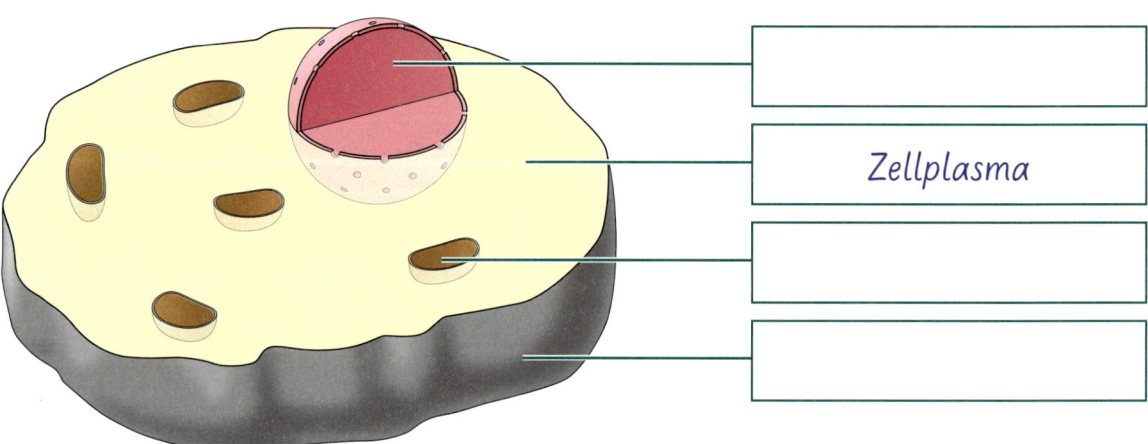

Zellplasma

Lexikon & Quiz 🖥

📖 Das Mikroskop

▶ Lese-Profi S. 132

1 Manche Dinge können wir **nicht**

2 **mit den bloßen Augen erkennen**.

3 Forscherinnen und Forscher

4 benutzen deshalb **Hilfsmittel**.

5 Zum Beispiel ein **Mikroskop**.

6 Das Wort „Mikroskop" bedeutet **„Kleines sehen"**.

7 Ein Mikroskop hilft uns also dabei,

8 kleine Dinge zu sehen.

So funktioniert ein Mikroskop:

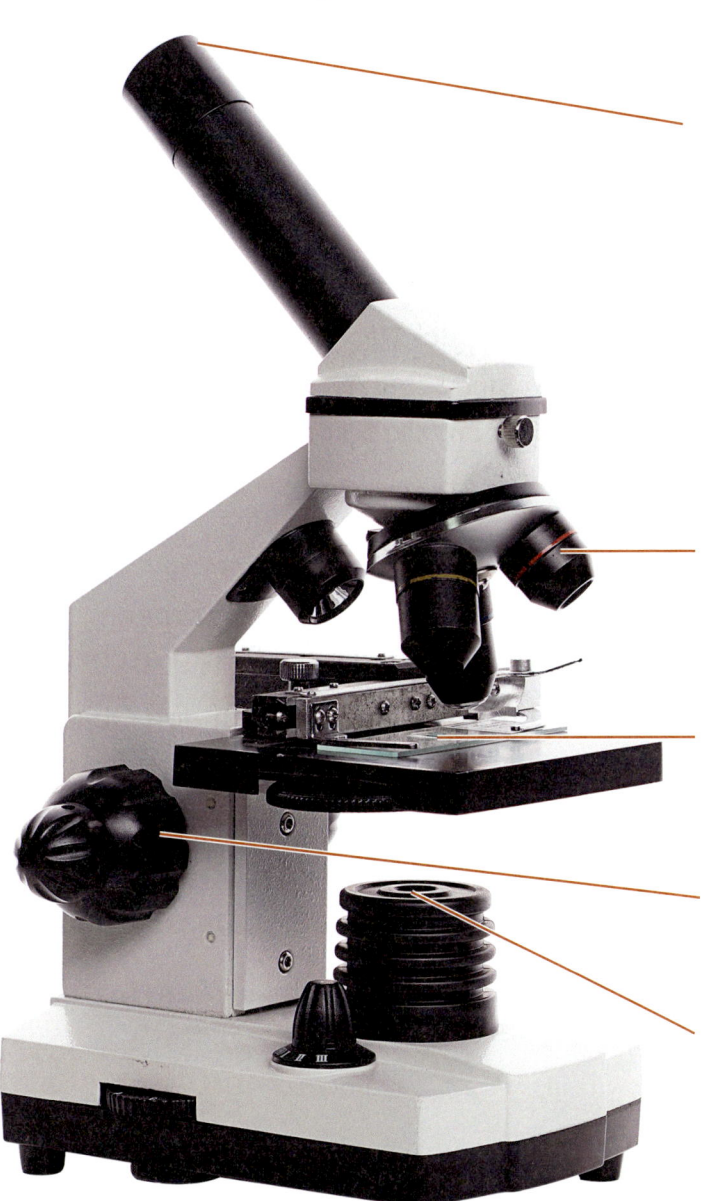

Mit deinem Auge schaust du durch das **Okular**. Das Okular vergrößert das, was du siehst.

Hier wählst du ein **Objektiv** aus. Die Objektive vergrößern das, was du siehst.

Auf den **Objekttisch** legst du den **Objektträger**. Der Objektträger ist eine dünne Glasscheibe. Auf den Objektträger legst du den Gegenstand, den du vergrößert sehen möchtest.

Mit dem **Grob- und Feintrieb** stellst du das Bild scharf ein.

Die **Lichtquelle** beleuchtet den Gegenstand.

📖 Ein Präparat herstellen

▶ Lese-Profi S. 132

1 Wenn du dir einen Gegenstand im Mikroskop anschauen willst,

2 dann musst du ihn dafür vorbereiten.

3 Den fertig vorbereiteten Gegenstand nennen wir ein Präparat.

4 Für die Vorbereitung von einem Präparat gibt es einige Hilfsmittel:

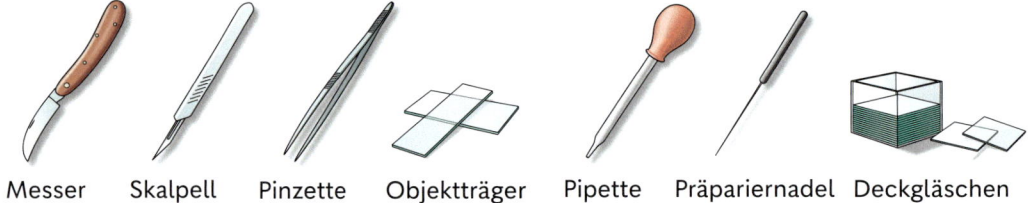

Messer   Skalpell   Pinzette   Objektträger   Pipette   Präpariernadel   Deckgläschen

5 Ein Messer und ein Skalpell sind sehr scharf.

6 Mit einem Messer und einem Skalpell schneiden wir unseren Gegenstand zu.

7 Mit einer Pinzette platzieren wir unseren Gegenstand.

8 Auf den Objektträger legen wir unseren Gegenstand.

9 Mit der Pipette saugen wir Flüssigkeiten auf und geben sie wieder ab.

10 Mit der Präpariernadel platzieren wir unseren Gegenstand noch genauer.

11 Mit der Präpariernadel platzieren wir das Deckgläschen über unserem Gegenstand.

12 Mit dem Deckgläschen bedecken und schützen wir unseren Gegenstand.

13 Das fertige Präparat schaust du dir im Mikroskop an.

🧪 👥 **1** Wir stellen ein Präparat aus einem Haar her.

Das braucht ihr: Wasser, eine Pipette, einen Objektträger, eine Pinzette, ein Haar, eine Präpariernadel, ein Deckgläschen.

✋ **a)** Tropft mit einer Pipette einen Tropfen Wasser auf den Objektträger.

✋ **b)** Legt mit einer Pinzette das Haar in den Wassertropfen.

✋ **c)** Legt mit einer Präpariernadel ein Deckgläschen auf den Wassertropfen.
Achtet darauf, dass das Haar bedeckt ist.
Achtet auch darauf, dass keine Luft unter dem Deckgläschen ist.

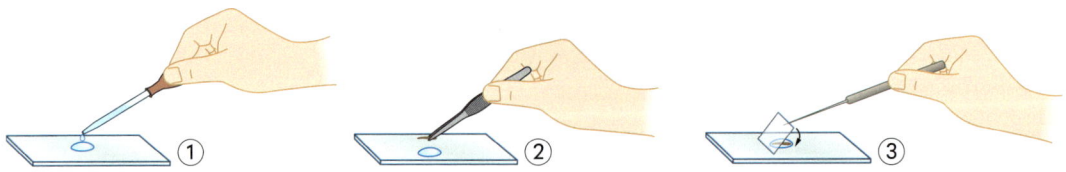

① ② ③

Lexikon & Quiz 📱

Von der Zelle zum Organ

▶ Methode S. 97 & 98   ▶ Experimentier-Profi S. 133

Aktiv: Wir mikroskopieren Haare!

Die Haare an deinem Körper bestehen aus Zellen.
Die Haarwurzel unter deiner Haut besteht aus lebenden Zellen.
Die Haare, die du sehen kannst, bestehen aus toten Zellen.

Das braucht ihr: ein Haar-Präparat, ein Mikroskop.

🖐 **a)** Legt das Präparat auf den Objekttisch.

🖐 **b)** Wählt das Objektiv mit der geringsten Vergrößerung aus.

👁 **c)** Schaut durch das Okular.

🖐 **d)** Dreht am Grob- und Feintrieb, bis ihr das Haar scharf seht.

✏ **e)** Was seht ihr? Zeichnet es in den Kasten.

Von der Zelle zum Organ

▶ Lese-Profi S. 132

▶  Video

1 Viele Zellen zusammen bilden ein Gewebe.

2 Es gibt verschiedene Gewebearten.

3 Die Zellen von einer Gewebeart arbeiten zusammen.

4 Jede Gewebeart hat eine Aufgabe im Körper.

5 Viele unterschiedliche Gewebearten zusammen bilden ein Organ.

6 Unterschiedliche Organe erfüllen verschiedene Aufgaben.

7 Die Haar-Zellen in unserer Haut gehören zu einer gemeinsamen Gewebeart.

8 Alle Gewebearten in unserer Haut bilden zusammen das Organ „Haut".

✏ **1** Schreibe die passenden Wörter in die Lücken.

→ Zellen • Organ

Ein Gewebe besteht aus vielen _____.

Viele unterschiedliche Gewebe zusammen bilden ein _____.

Vom Organ zum Organsystem

Wenn Organe zusammenarbeiten**, dann bilden sie ein** Organsystem**.**

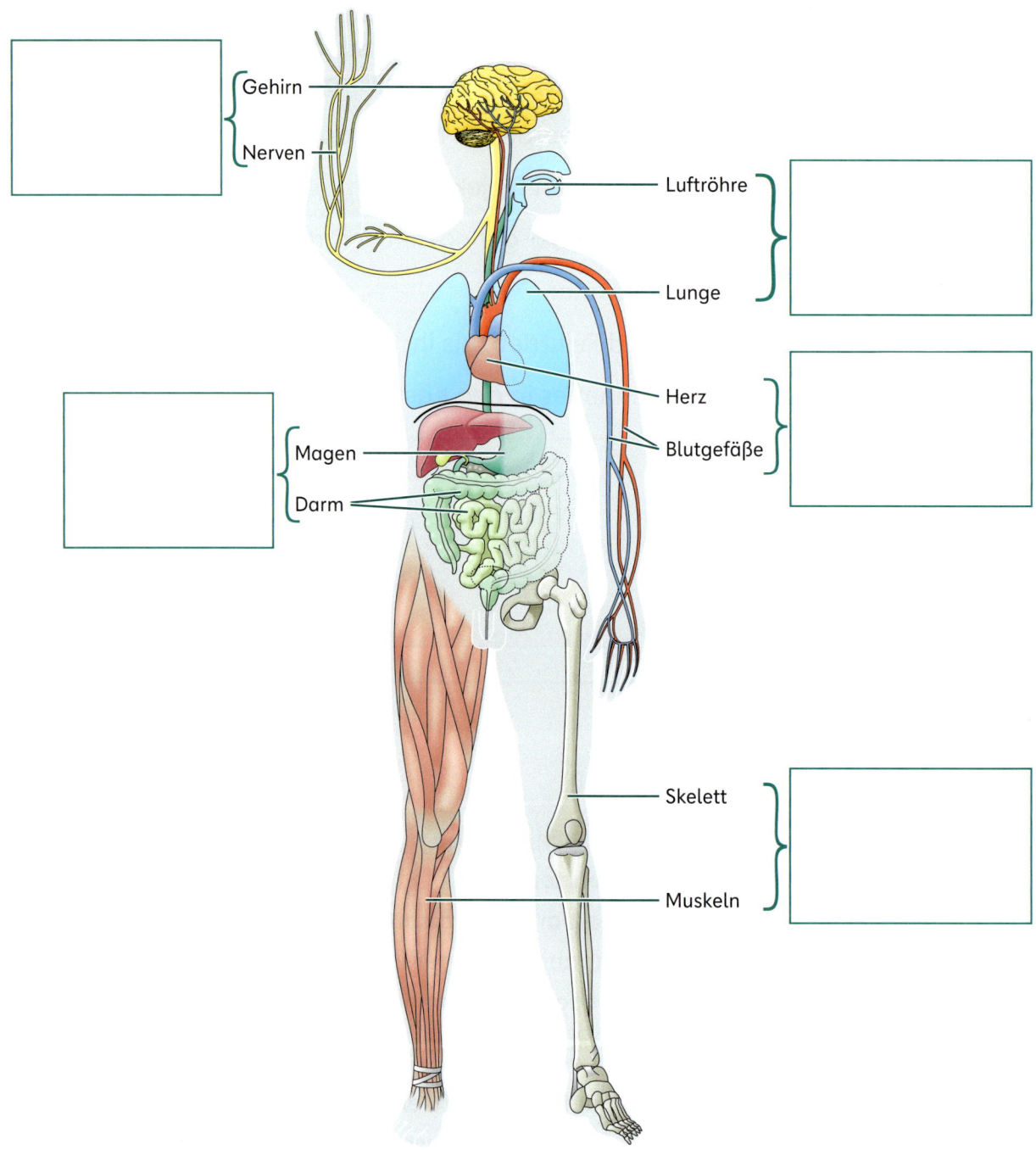

Gehirn

Nerven

Luftröhre

Lunge

Herz

Blutgefäße

Magen

Darm

Skelett

Muskeln

1 Die Organsysteme der Menschen

👁 **a)** Lies den Text auf der rechten Seite.

✏ **b)** Welche Organe gehören
zu welchem Organsystem?
Schreibe die passenden
Organsysteme in die Kästchen.

→ Atmungssystem • Nervensystem •
Verdauungssystem • Bewegungs- und
Stützsystem • Herz-Kreislauf-System

Vom Organ zum Organsystem

📖 Die Organsysteme

▶ Lese-Profi S. 132

▶ Video

1 In unserem Körper gibt es viele verschiedene **Organsysteme:**

2 das **Nervensystem**, das **Atmungssystem**, das **Herz-Kreislauf-System,**

3 das **Verdauungssystem** und das **Bewegungs- und Stützsystem.**

4 Jedes Organsystem hat eine **bestimmte Aufgabe.**

5 Das **Nervensystem kontrolliert den Körper.**

6 Zum Nervensystem gehören zum Beispiel die **Nerven** und das **Gehirn.**

7 Das **Atmungssystem ist für die Atmung zuständig.**

8 Zum Atmungssystem gehören zum Beispiel die **Luftröhre** und die **Lunge.**

9 Das **Herz-Kreislauf-System pumpt das Blut** durch den Körper.

10 Zum Herz-Kreislauf-System gehören zum Beispiel das **Herz** und die **Blutgefäße.**

11 Das **Verdauungssystem zerkleinert die Nahrung.**

12 Zum Verdauungssystem gehören zum Beispiel der **Magen** und der **Darm.**

13 Das **Bewegungs- und Stützsystem sorgt für Stabilität und Bewegung.**

14 Zum Bewegungs- und Stützsystem gehören zum Beispiel das **Skelett** und die **Muskeln.**

2 Verbinde die Organsysteme mit der passenden Funktion.

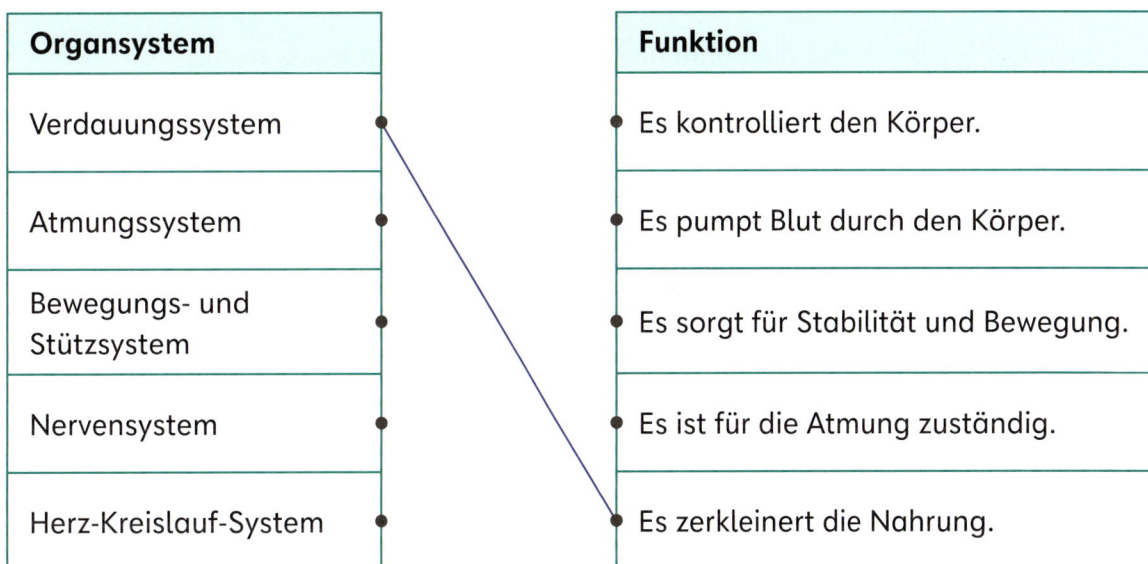

Organsystem	Funktion
Verdauungssystem	Es kontrolliert den Körper.
Atmungssystem	Es pumpt Blut durch den Körper.
Bewegungs- und Stützsystem	Es sorgt für Stabilität und Bewegung.
Nervensystem	Es ist für die Atmung zuständig.
Herz-Kreislauf-System	Es zerkleinert die Nahrung.

💬 **3** Was wisst ihr über die Organsysteme?
Sprecht zu zweit über ein Organsystem eurer Wahl.

Das Bewegungs- und Stützsystem

1 Der Mensch in Bewegung

👁 **a)** Schau dir das Bild an.

💬 **b)** Welche Teile vom Körper kannst du erkennen?
Welches Organsystem ist in dem Bild zu sehen?
Sprecht zu zweit.

✏ **c)** Schreibe deine Ideen auf.

Ich sehe _____

_____

_____

_____

📖 Das Bewegungssystem und das Stützsystem

▶ Lese-Profi S. 132

1 Für die **Bewegung** braucht unser Körper die **Muskeln**, die **Sehnen**,
2 die **Knochen** und die **Gelenke**.
3 Diese Körperteile nennen wir das **Bewegungs- und Stützsystem**.

4 Die **Muskeln** und die **Sehnen** gehören zum **Bewegungssystem**.
5 Sie **bewegen** den Körper.
6 Die **Knochen** und die **Gelenke** gehören zum **Stützsystem**.
7 Sie **stützen** den Körper wie ein **Gerüst**.

8 Das Stützsystem und das Bewegungssystem **arbeiten zusammen**.
9 **Die Muskeln und die Sehnen vom Bewegungssystem**
10 **sind an den Knochen und Gelenken vom Stützsystem befestigt.**

✏ **2** Schreibe die passenden Wörter in die Lücken.

→ Knochen • Muskeln • Sehnen • Gelenken

Das Bewegungssystem besteht aus _____ und _____.

Das Stützsystem besteht aus _____ und _____.

Das Skelett

📖 Das Skelett vom Menschen

▶ Lese-Profi S. 132

▶ Video

1 Die **Knochen** sind **feste Organe** im Körper von **Wirbeltieren**.

2 Alle Knochen zusammen bilden das **Skelett**.

3 Das Skelett besteht bei **Erwachsenen** aus **206 Knochen**.

4 Bei **Kindern** sind **noch nicht alle Knochen zusammengewachsen**.

5 Kleinkinder haben deshalb **über 300 Knochen**.

6 Das Skelett **stützt** den Körper und **schützt** die **inneren Organe**.

7 Das Skelett ist in drei Bereiche unterteilt:

8 Das **Kopfskelett**, das **Rumpfskelett** und das **Gliedmaßenskelett**.

9 Zum **Kopfskelett** gehören **alle Knochen vom Kopf**.

10 Zum **Rumpfskelett** gehören **alle Knochen in der Mitte vom Körper**.

11 Zum **Gliedmaßenskelett** gehören **alle Knochen von den Armen und den Beinen**.

✏ **3** Schreibe die Namen von den drei Skelettbereichen in die passenden Kästchen.

> **Tipp**
> Hinweise findest du in den Zeilen 9 bis 11.

→ Rumpfskelett • Gliedmaßenskelett • Kopfskelett

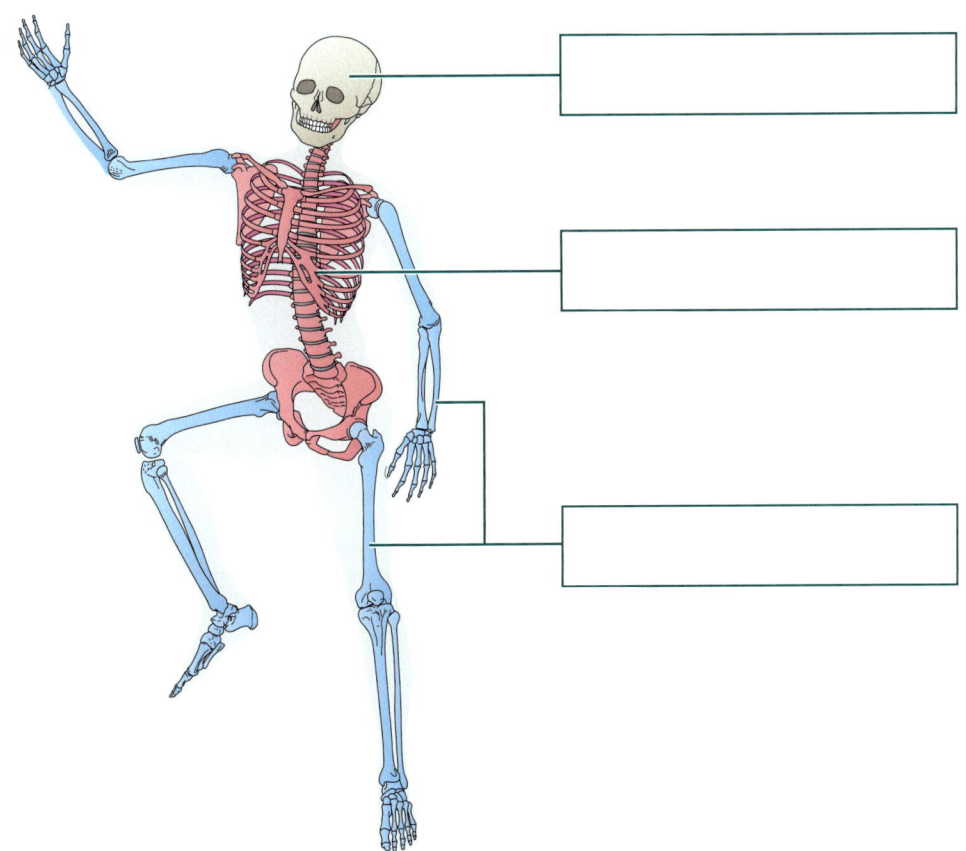

Die Knochen

1 Die Knochen im Körper

👁 **a)** Schau dir die Knochen
in dem Bild ganz genau an.

🗨 **b)** Sehen alle Knochen
im Körper gleich aus?
Sprecht in der Klasse über
die Formen der Knochen.

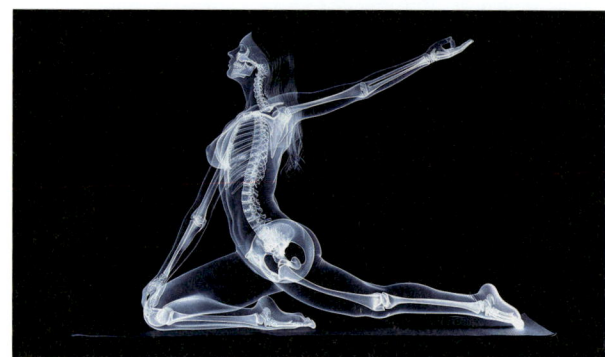

📖 **Der Röhrenknochen**

▶ Lese-Profi S. 132

1 Die **Röhrenknochen** haben eine **längliche Form**.

2 Die Röhrenknochen sind **besonders stabil**.

3 Bei uns Menschen ist zum Beispiel der **Oberschenkelknochen** ein Röhrenknochen.

4 Die **äußerste Schicht** von einem Knochen ist die **dünne Knochenhaut**.

5 **Unter der Knochenhaut** ist die **feste Knochenrinde**.

6 Die Knochenrinde gibt dem Knochen seine **Stabilität**.

7 Im **Inneren** von einem Röhrenknochen befindet sich die **Markhöhle**.

8 Die Markhöhle ist **mit dem Knochenmark gefüllt**.

9 Das Knochenmark ist wie ein **weicher Schwamm**.

✏ **2** Schreibe die passenden Wörter in die Kästchen.

→ Markhöhle mit Knochenmark • Knochenrinde • Knochenhaut

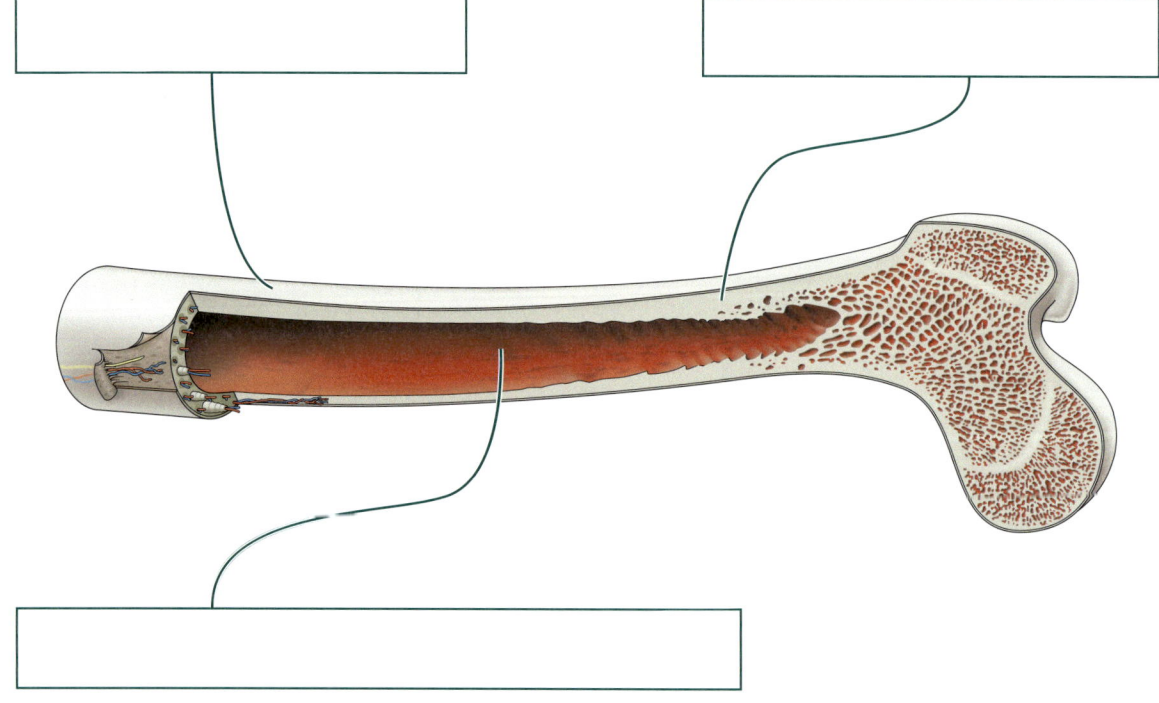

Lexikon & Quiz 🔁

Methode: Mit Modellen arbeiten

1 Ein **Modell** ist ein **Nachbau der Wirklichkeit**.

2 Ein Modell hilft dir, Dinge **besser** zu **verstehen**.

3 Modelle haben bestimmte **Merkmale**:

4 • Sie **vergrößern** oder **verkleinern** Dinge.

5 • Sie **zeigen nur das Wichtige**.

6 • Sie bestehen **aus einem anderen Material**

7 als das Original.

8 Es gibt Modelle, die den **Aufbau** von etwas zeigen.

9 Wir nennen diese Modelle die **Strukturmodelle**.

10 Es gibt Modelle, die die **Funktion** oder die **Aufgabe** von etwas zeigen.

11 Wir nennen diese Modelle die **Funktionsmodelle**.

▶ Experimentier-Profi S. 133

 1 Wir bauen ein Funktionsmodell: Die Knochenformen im Test

Das braucht ihr: zwei Blätter Papier, Klebeband, zwei Stühle, zwei Fäden, zwei gleiche Gewichte (ca. 50 Gramm schwer).

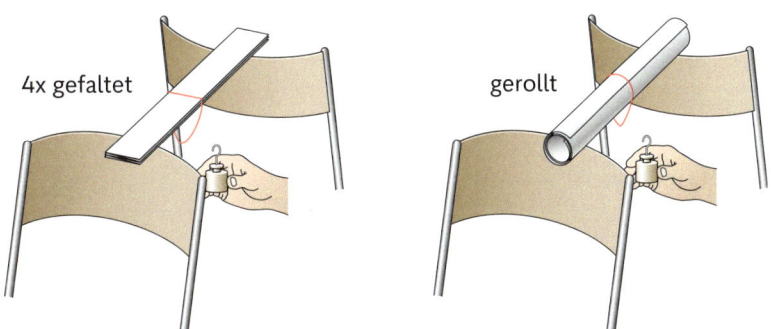

4x gefaltet   gerollt

 a) Faltet ein Blatt Papier viermal.
Das gefaltete Blatt ist ein Funktionsmodell für einen platten Knochen.

 b) Rollt ein Blatt Papier auf und klebt das Ende mit etwas Klebeband fest.
Das aufgerollte Blatt ist ein Funktionsmodell für einen Röhrenknochen.

 c) Bindet jeweils einen Faden locker um die Modelle.

 d) Legt beide Modelle wie eine Brücke zwischen die zwei Stühle.

 e) Hängt die Gewichte an den Faden.

 f) Was beobachtet ihr? Welche Knochenform ist stabiler?

Die Wirbelsäule

🖐 **1** **a)** Bewege deinen Körper wie eine Schlange von links nach rechts.

💬 **b)** Welchen Teil von deinem Körper bewegst du? Sprecht in der Klasse.

📖 **Der Aufbau von der Wirbelsäule**　　　　　▶ Lese-Profi S. 132

1　Die Wirbelsäule stützt und stabilisiert den Körper.

2　Sie ist sehr beweglich und belastbar.

3　Die Wirbelsäule besteht aus den Wirbelknochen und den Bandscheiben.

4　Die einzelnen Wirbelknochen sind durch die Bandscheiben voneinander getrennt.

5　Die Wirbelsäule ist in verschiedene Bereiche unterteilt:

6　Ganz oben ist die Halswirbelsäule.

7　Darunter liegt die Brustwirbelsäule.

8　Danach kommt die Lendenwirbelsäule.

9　Ganz unten sind das Kreuzbein und das Steißbein.

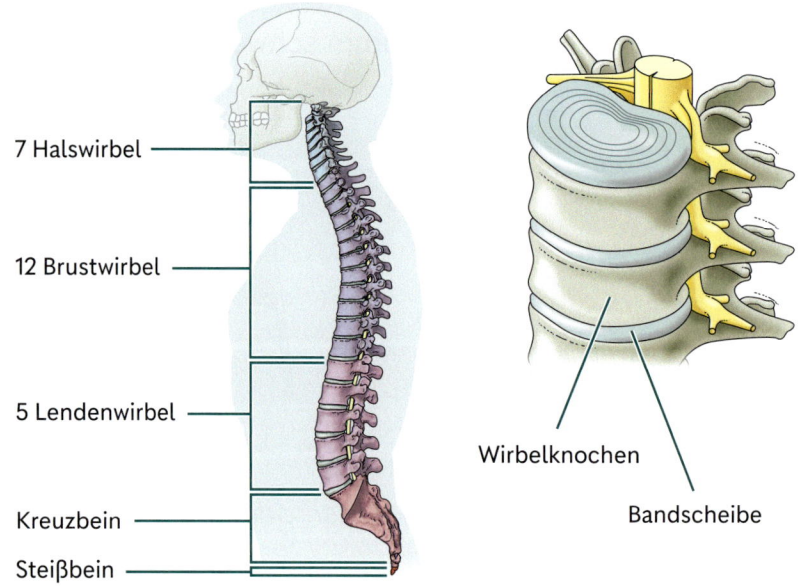

7 Halswirbel

12 Brustwirbel

5 Lendenwirbel

Kreuzbein

Steißbein

Wirbelknochen

Bandscheibe

✏️ **2** Schreibe die passenden Wörter in die Lücken.

→　~~Wirbelsäule~~ • Steißbein • Bandscheiben • Brustwirbelsäule • Lendenwirbelsäule

Die _Wirbelsäule_____ besteht aus vielen Wirbelknochen. Die einzelnen Wirbel

sind durch die _____ voneinander getrennt. Die Wirbelsäule ist

in die Halswirbelsäule, die _____ und die _____

unterteilt. Zum Schluss kommen das Kreuzbein und das _____.

Aktiv: Die Wirbelsäule

▶ Methode S. 105

▶ Experimentier-Profi S. 133

3 Wir bauen ein Modell von der Wirbelsäule

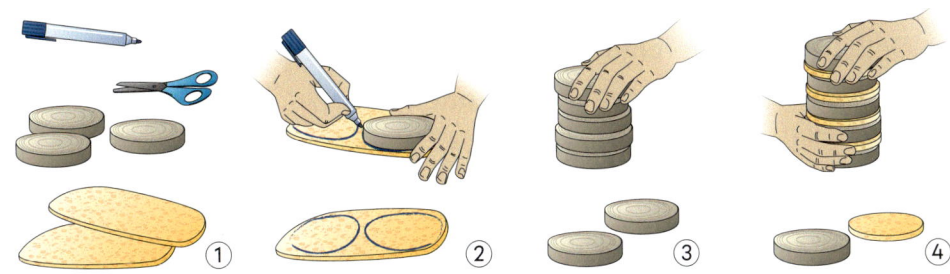

Das braucht ihr: dünne Schwämme (5–10 cm Durchmesser),
dünne Holzscheiben (5–10 cm Durchmesser), einen Stift, eine Schere.

a) Schneidet die Schwämme in eine runde Form.
Die Schwämme sollen so groß sein wie die Holzscheiben.
Tipp: Benutzt die Holzscheibe als Schablone.

b) Baut einen Turm aus den Holzscheiben.
Drückt von oben auf den Turm.
Was kannst du beobachten? Sprecht in der Klasse.

c) Legt zwischen jede Holzscheibe einen Schwamm.
Drückt von oben auf den Turm.
Was kannst du beobachten? Was hat sich verändert? Sprecht in der Klasse.

d) Ist die Holzscheibe in dem Modell
der Wirbelknochen oder die Bandscheibe?
Ist der Schwamm in dem Modell
der Wirbelknochen oder die Bandscheibe?
Verbinde die passenden Teile miteinander.

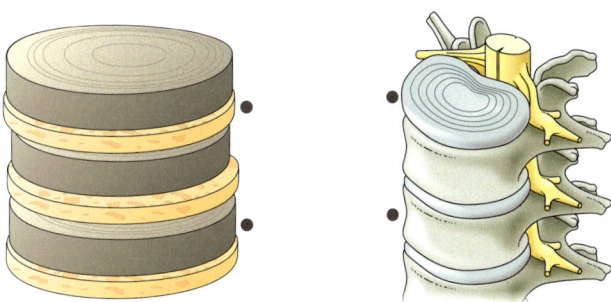

e) Welche Funktion haben die Bandscheiben in der Wirbelsäule?
Sprecht in der Klasse und schreibt die Antwort auf.

Die Gelenke

📖 Der Aufbau von den Gelenken

▶ Lese-Profi S. 132

 ▶ Video

1 Die Gelenke sind für die Bewegung sehr wichtig.

2 Ein Gelenk ist eine Verbindung zwischen zwei Knochen.

3 Die beiden Knochen passen perfekt aneinander.

4 Der eine Knochen hat ein rundes Ende.

5 Wir nennen dieses Ende den Gelenkkopf.

6 Der andere Knochen sieht aus wie eine Pfanne.

7 Wir nennen dieses Ende die Gelenkpfanne.

8 Der Gelenkkopf sitzt in der Gelenkpfanne.

9 Die beiden Enden der Knochen sind mit Gelenkknorpel überzogen.

10 Ein Knorpel ist ein festes, aber bewegliches Material.

11 Durch den Knorpel reiben die harten Knochen nicht direkt aneinander.

12 Das schützt die Enden von den Knochen.

13 Zwischen den beiden Knochen ist ein Gelenkspalt.

14 Der Gelenkspalt ist mit der Gelenkschmiere gefüllt.

15 Durch die Gelenkschmiere können die Knochen besser aufeinander gleiten.

16 Das gesamte Gelenk ist von einer Gelenkkapsel umgeben.

17 Dank der Gelenkkapsel läuft die Gelenkschmiere nicht aus.

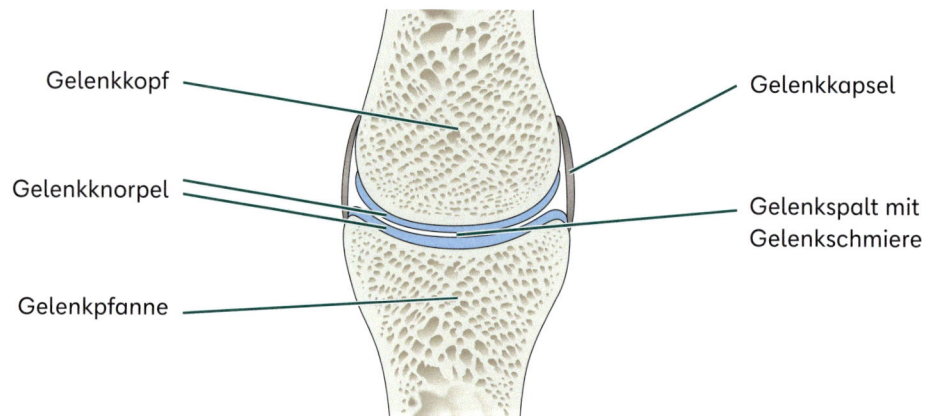

Gelenkkopf — Gelenkkapsel

Gelenkknorpel — Gelenkspalt mit Gelenkschmiere

Gelenkpfanne

✏️ **1** Schreibe die passenden Wörter in die Lücken.

→ Gelenk • Gelenkschmiere • Gelenkkapsel • Gelenkknorpel

Ein _____ ist eine Verbindung zwischen zwei Knochen. Die Knochen

vom Gelenk werden durch den _____ und die _____

geschützt. Das Gelenk ist von einer _____ umgeben.

Aktiv: Die Gelenke

 2 Wie funktionieren die Gelenke? ▶ Methode S. 105 ▶ Experimentier-Profi S. 133

Das braucht ihr: eine schwarze Pappe, zwei Kreidestücke, ein Teelicht,
ein Feuerzeug, Speiseöl.

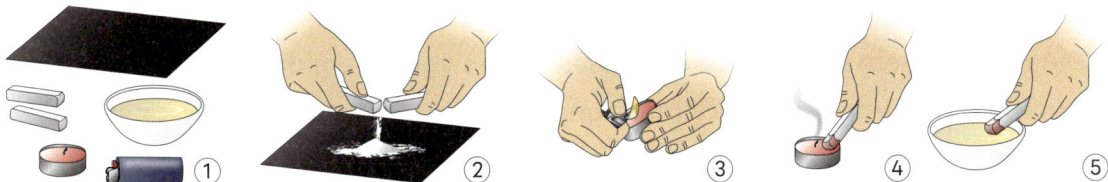

🖐 **a)** Legt die schwarze Pappe auf den Tisch.
Haltet die beiden Kreidestücke über die schwarze Pappe.
Reibt die Enden von beiden Kreidestücken aneinander.

👁 ✏ **b)** Was beobachtet ihr? Schreibe die Beobachtung auf.

🖐 **c)** Zündet das Teelicht an und lasst es schmelzen.
Achtung: Wenn das Wachs geschmolzen ist, dann puste die Kerze aus.

🖐 **d)** Taucht jeweils ein Ende von beiden Kreidestücken in das Wachs.
Lasst das Wachs abkühlen. Reibt die Enden aneinander.

👁 ✏ **e)** Was beobachtet ihr? Schreibe die Beobachtung auf.

🖐 **f)** Taucht die mit Wachs bedeckten Enden von der Kreide in das Öl.
Reibt die Enden aneinander.

👁 ✏ **g)** Was beobachtet ihr? Schreibe die Beobachtung auf.

✏ **h)** Welche Teile von einem Gelenk werden hier nachgestellt?
Schreibe die passenden Wörter in die Kästchen.

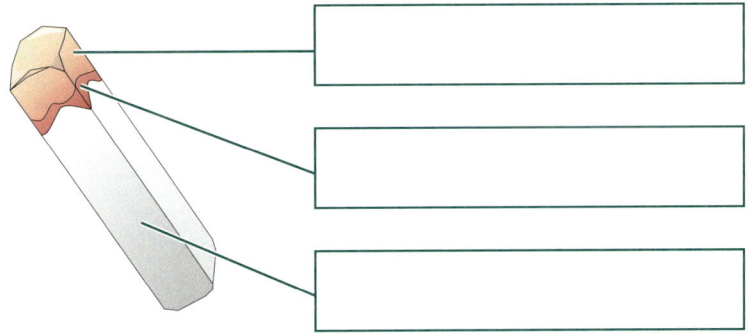

→ • Gelenkschmiere
• Gelenkknochen
• Gelenkknorpel

Die Muskeln

Der Aufbau von der Skelettmuskulatur

► Lese-Profi S. 132

1 Die Muskeln bestehen aus mehreren Muskelfaserbündeln.

2 Ein Muskelfaserbündel ist wie ein dickes Seil.

3 Ein Muskelfaserbündel besteht aus vielen Muskelfasern.

4 Die Muskelfasern sind wie die einzelnen Fäden von einem dicken Seil.

5 Der Muskel ist von der Muskelhaut umgeben.

6 Der Muskel ist mit dem Knochen über eine Sehne verbunden.

7 Die Muskeln bewegen dadurch das Skelett.

8 Wir nennen diese Muskeln deshalb die Skelettmuskulatur.

1 Schreibe die passenden Wörter in die Kästchen.

→ ~~Knochen~~ • Muskelfaser • Muskelhaut • Muskelfaserbündel • Sehne

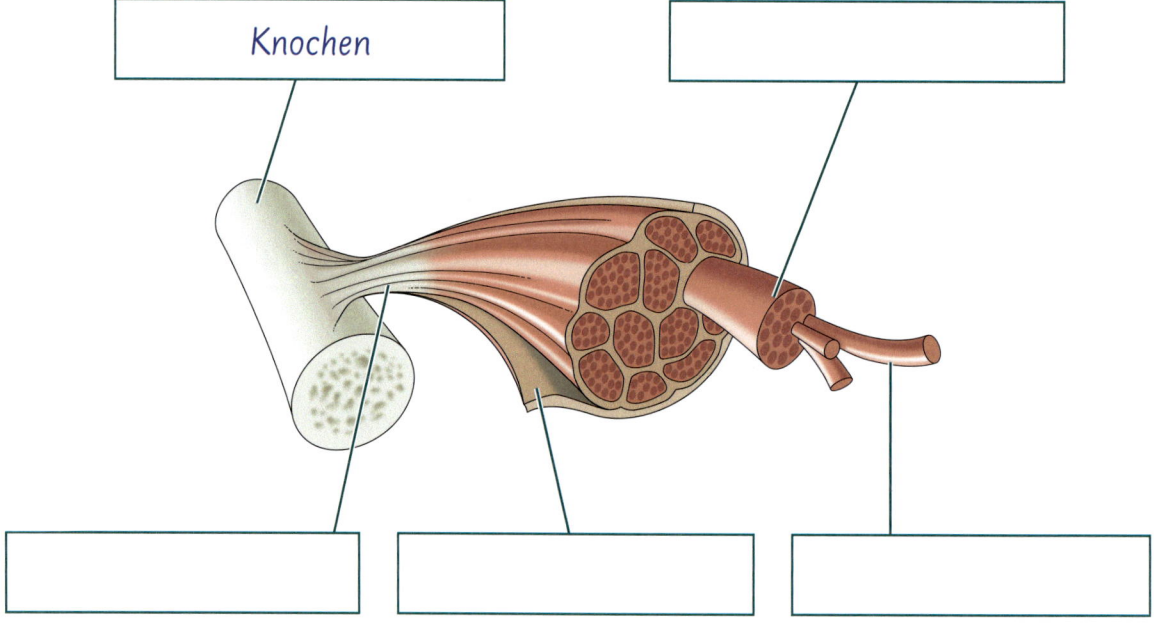

Knochen

2 Schreibe die passenden Wörter in die Lücken.

→ Muskel • Sehnen • bewegen • Knochen • Muskelfaserbündeln

Ein _____ besteht aus vielen _____.

Die Muskeln sind durch die _____ mit dem _____

verbunden. Die Muskeln _____ das Skelett.

Die Muskeln

📖 Muskeln sind Gegenspieler

▶ Lese-Profi S. 132

1 Auf der Vorderseite vom Oberarm

2 ist ein großer Muskel.

3 Wir nennen ihn den Beuger.

4 Auf der Hinterseite vom Oberarm

5 ist auch ein großer Muskel.

6 Wir nennen ihn den Strecker.

7 Beide Muskeln zusammen nennen wir

8 die Gegenspieler.

9 Die Gegenspieler arbeiten immer

10 entgegengesetzt voneinander.

11 Der eine Muskel ist angespannt.

12 Der andere Muskel ist entspannt.

13 Muskeln als Gegenspieler gibt es an vielen Stellen im Körper.

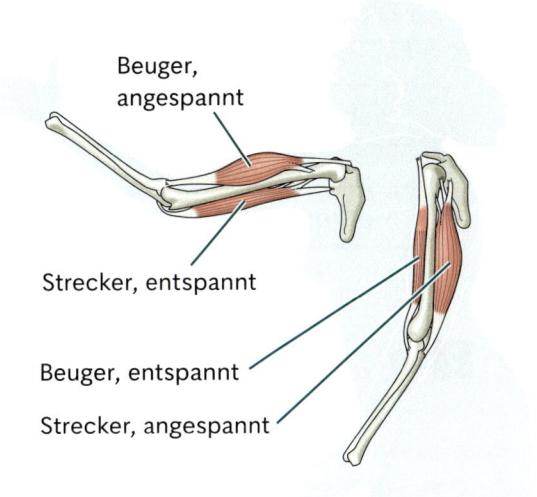

Beuger, angespannt

Strecker, entspannt

Beuger, entspannt

Strecker, angespannt

▶ Methode S. 105   ▶ Experimentier-Profi S. 133

🧪 Aktiv: Wir bauen ein Muskelmodell

Das brauchst du: die Schablonen von Seite 135, eine Schere, einen festen Karton, einen Stift, zwei gleich große Gummibänder, eine Musterbeutelklammer.

 a) Schneide die Schablonen aus und lege sie auf ein Stück Karton.

 b) Schneide das Stück Karton mithilfe von den Schablonen zu.

 c) Verbinde die beiden Stücke Karton. Benutze dafür die Gummibänder und die Musterbeutelklammer. *Tipp: Das Bild verrät dir, wie du die Stücke miteinander verbindest.*

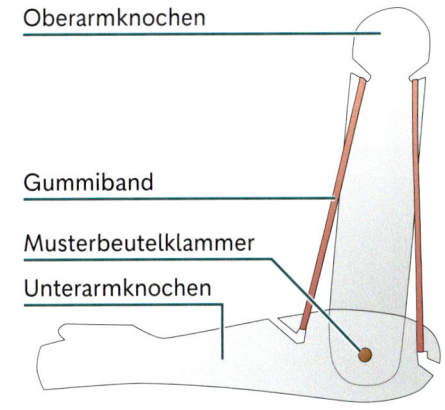

Oberarmknochen

Gummiband

Musterbeutelklammer

Unterarmknochen

 d) Beuge und strecke den Unterarm vom Modell. Was passiert mit den Gummibändern beim Beugen und Strecken?

 e) Bewege nun deinen eigenen Unterarm hoch und runter. Fasse mit der anderen Hand deinen Oberarm an. Spürst und siehst du eine Veränderung? Sprecht in der Klasse.

☺ Das kann ich!

1 Verbinde die passenden Sätze miteinander.

Die Zellen bilden ... •	• ... ein Organ.
Mehrere Gewebe bilden ... •	• ... die Gewebe.
Mehrere Organe bilden ... •	• ... ein Organsystem.

2 Wie heißen die Organsysteme?
Schreibe das passende Organsystem unter die Bilder.

→ Atmungssystem • Nervensystem • Bewegungs- und Stützsystem

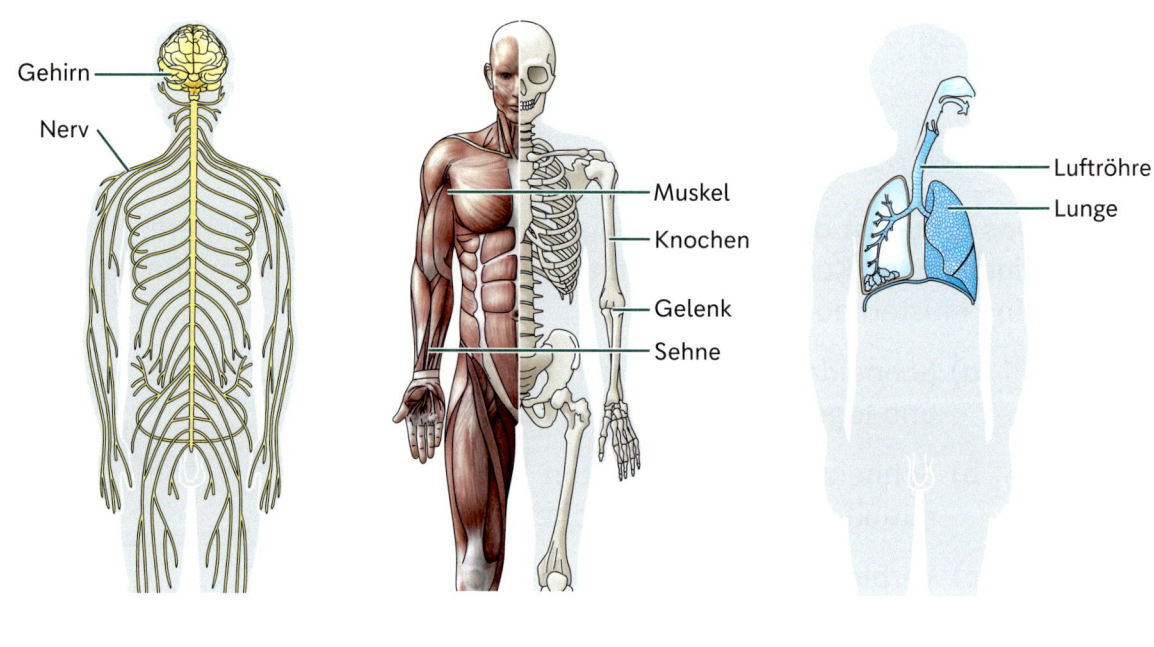

Gehirn

Nerv

Muskel

Knochen

Gelenk

Sehne

Luftröhre

Lunge

_____   _____   _____

3 Einige Muskeln arbeiten entgegengesetzt voneinander.
Wie nennen wir diese Muskeln? Schreibe es in das Kästchen.

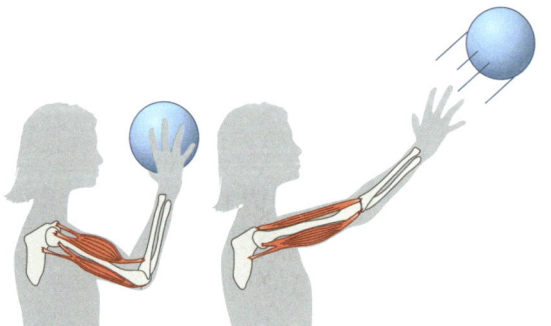

Wir nennen diese Muskeln die

_____

_____ .

✎ **4** Schreibe die passenden Wörter in die Lücken.

Unser Skelett besteht aus drei Teilen. Wir nennen diese Teile das _____,

das _____ und das _____. Die Wirbelsäule gehört

zum Rumpfskelett. Sie besteht aus den Halswirbeln, den _____ , den

_____ , dem Kreuzbein und dem _____.

✎ **5** Löse das Kreuzworträtsel.

1. Muskelfaserbündel bestehen aus den …
2. Zwischen den einzelnen Wirbelknochen liegen die …
3. … hilft deinem Gehirn, besser zu arbeiten.
4. Ein … ist eine Verbindung zwischen zwei Knochen.
5. Mit dem … können wir kleine Dinge besser sehen.
6. Die Muskeln sind über die … mit den Knochen verbunden.
7. Die … sind besonders stabile Knochen.

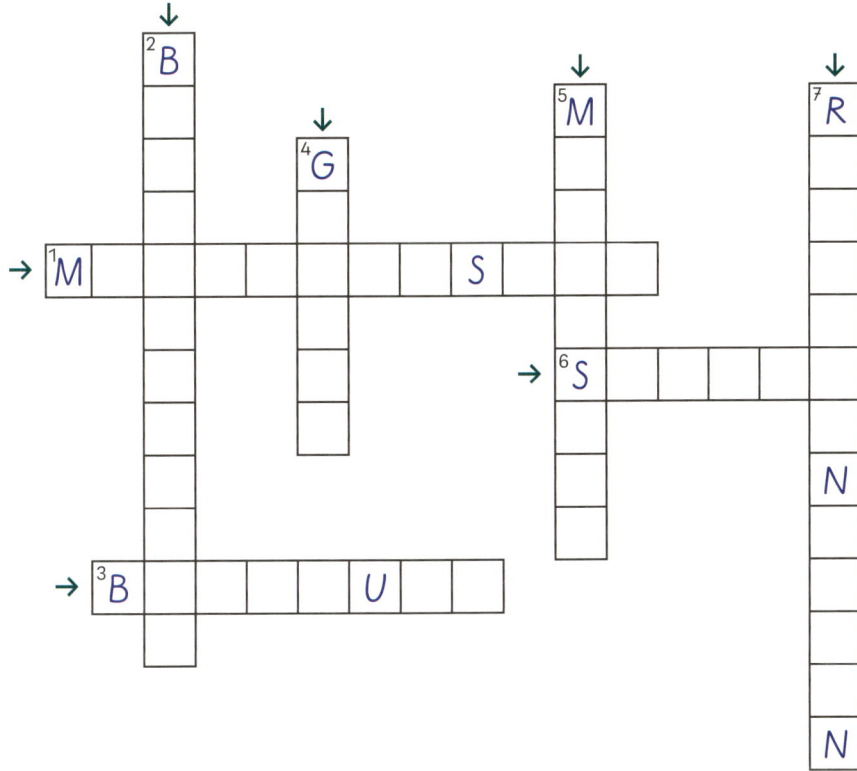

👁 **6** **a)** Überprüfe deine Antworten.

✎ **b)** Schätze dich selbst ein. Male dazu 1, 2 oder 3 Smileys aus.

So gut kenne ich mich mit dem Körper aus:	☺ ☺ ☺

 Teste dich!

113

Das Erwachsenwerden

👁 **1** Schau dir die Bilder genau an.

💬 **2** Was siehst du? Sprecht in der Klasse.

→ Diese Wörter helfen dir:
Streit, Wut, Freundschaft, Freunde, Liebe, Unsicherheit, Unzufriedenheit, Veränderungen.

📖 **Die Pubertät**

▶ Lese-Profi S. 132

1 Zwischen dem 9. und dem 20. Lebensjahr werden **aus Kindern junge Erwachsene**.

2 Diese Zeit nennen wir die **Pubertät**.

3 Bei einigen beginnt die Pubertät **etwas früher**, bei anderen **etwas später**.

4 Jeder Körper entwickelt sich **unterschiedlich schnell**.

5 Während der Pubertät **verändert** sich der **Körper**.

6 Auch das **Denken** und das **Verhalten** verändern sich.

7 In dieser Zeit sind die eigenen **Gefühle** häufig **überwältigend** und **verwirrend**.

8 Es ist normal, **verunsichert** und **überfordert** von **neuen Situationen** zu sein.

💬 **3** Was weißt du schon über die Pubertät? Sprecht in der Klasse.

✐ **4** Welche Sätze stimmen? Kreuze die richtigen Sätze an.

Die Pubertät beginnt für alle mit dem 9. Geburtstag.	☐
In der Pubertät verändert sich der Körper: Er wächst und sieht anders aus.	☐
In der Pubertät verändern sich die Gefühle, das Denken und das Verhalten.	☐

💬 **5** Wenn du älter wirst, dann verändert sich dein Denken und dein Verhalten.
Was könnten die Personen sagen oder denken?
Sprecht zu zweit.

Vom Jungen zum Mann

1 Vom Jungen zum Mann

👁 **a)** Schau dir die Körper der Menschen genau an.

💬 **b)** Welche Unterschiede erkennst du?
Sprecht zu zweit.

→ Diese Wörter helfen dir:
Junge, Mann, groß, klein,
Haare, Bart, schmal,
breit, Schultern, Becken.

📖 **Die Entwicklung der Jungen**

▶ Lese-Profi S. 132

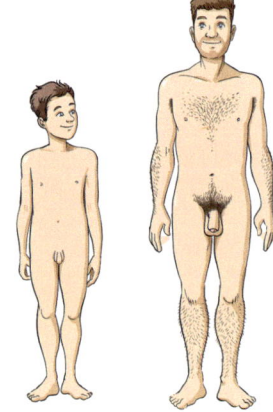

1 In der Pubertät verändert sich der **Körper**.
2 Der Körper bekommt einen **Wachstumsschub**.
3 Das heißt, der Körper wächst **in die Länge** und **in die Breite**.
4 Die **Schultern** werden **breiter**.
5 Das **Becken** bleibt **schmal**.
6 Bei vielen Jungen wirkt der Körper jetzt
7 **kräftiger** und **muskulöser**.
8 In der Pubertät nimmt auch die **Körperbehaarung** zu.
9 In der Pubertät wird die **Stimme** der Jungen **tiefer**.
10 Das nennen wir den **Stimmbruch**.
11 Bei einem Stimmbruch kann die Stimme manchmal **krächzen** oder sich **überschlagen**.

✏ **2** Schreibe die passenden Wörter in die Lücken.

→  ~~Pubertät~~ • Körper • Körperbehaarung • tiefer • wächst

In der *Pubertät* _____ verändert sich der _____.

Er _____ in die Länge und in die Breite. Die _____

nimmt zu. Außerdem wird die Stimme _____.

Vom Jungen zum Mann

📖 Der Aufbau und die Funktion der Geschlechtsorgane

▶ Lese-Profi S. 132

1 Männliche Personen haben einen **Penis**

2 und einen **Hodensack**.

3 Vorne am Penis befindet sich die **empfindliche Eichel**.

4 Die Eichel wird von der **Vorhaut** geschützt.

5 Hinter der Eichel liegt der **Schwellkörper**.

6 In ihm befindet sich die **Spermaröhre**.

7 Unter dem Penis liegt der **Hodensack**.

8 In dem Hodensack befinden sich die **zwei Hoden**.

9 Hier werden täglich **Millionen Spermien** gebildet.

10 Zusammen nennen wir diese Körperteile

11 die **männlichen Geschlechtsorgane**.

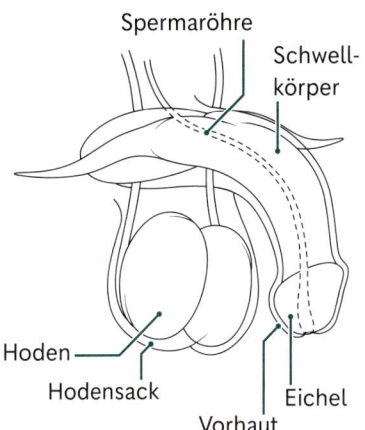

🖊 **3** Male die Körperteile in der Abbildung in den passenden Farben an:
Die Vorhaut ist grün, die Eichel ist rosa, der Schwellkörper ist lila,
die Spermaröhre ist orange, die Hoden sind gelb und der Hodensack ist blau.

📖 Die Erektion

▶ Lese-Profi S. 132

1 Ein Penis ist **normalerweise klein**, **weich** und **schlaff**.

2 Ab der Pubertät kann der Schwellkörper vom Penis **lang**, **dick** und **hart** werden.

3 Das nennen wir eine **Erektion**.

4 Eine Erektion kann durch **Berührungen**, **positive Gefühle** oder **Bilder** entstehen.

5 Für eine Erektion musst du dich **nicht schämen**.

6 Eine Erektion ist etwas ganz **Normales**.

🖊 **4** Schreibe die Wörter zu den passenden Bildern.

→ schlaff • lang • hart • weich • die Erektion • klein • dick

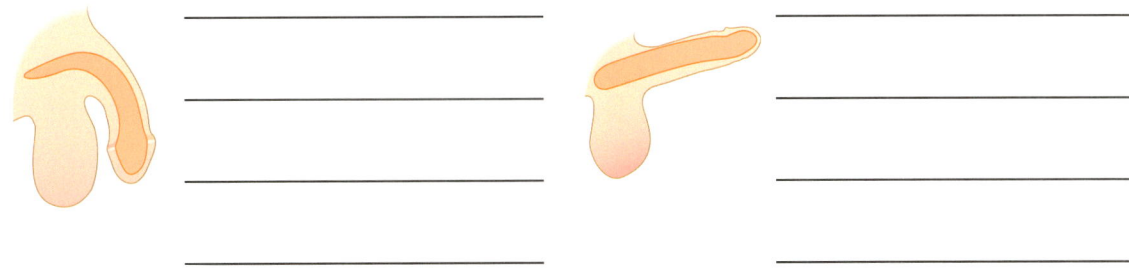

_____

_____

_____

_____

_____

_____

Vom Mädchen zur Frau

1 Vom Mädchen zur Frau

👁 **a)** Schau dir die Körper der Menschen genau an.

💬 **b)** Welche Unterschiede erkennst du?
Sprecht zu zweit.

→ Diese Wörter helfen dir:
Mädchen, Frau, groß, klein,
Brust, Haare, schmal, breit,
Schultern, Becken.

📖 **Die Entwicklung der Mädchen**

▶ Lese-Profi S. 132

1 In der Pubertät verändert sich der **Körper**.

2 Der Körper bekommt einen **Wachstumsschub**.

3 Das heißt, der Körper wächst **in die Länge** und **in die Breite**.

4 Die **Schultern** bleiben **schmal**.

5 Das **Becken** wird **breiter**.

6 Die **Brüste** werden **größer**.

7 In der Pubertät nimmt auch die **Körperbehaarung** zu.

8 Außerdem wird unter der Haut **Fett eingelagert**.

9 Dadurch sieht der **Körper** insgesamt **weicher** aus.

10 In der Pubertät bekommen die Mädchen das erste Mal eine **Menstruation**.

11 Wir nennen die Menstruation auch die **Periode**, die **Tage** oder die **Regel**.

✏ **2** Wie verändert sich der weibliche Körper während der Pubertät?
Male die richtigen Felder bunt an.

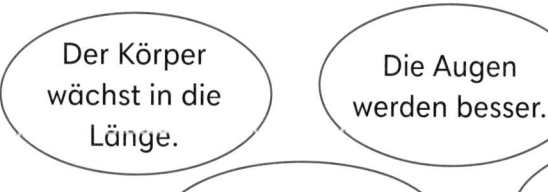

Der Körper wächst in die Länge.

Die Augen werden besser.

Das Becken wird breiter.

Die Brüste wachsen.

Mädchen bekommen ihre Menstruation.

Der Körper wird kleiner und härter.

📖 Der Aufbau und die Funktion der Geschlechtsorgane ▶ Lese-Profi S. 132

1 Die **äußeren Geschlechtsorgane** einer weiblichen Person nennen wir die **Vulva**.

2 Die Vulva besteht aus den **inneren** und den **äußeren Vulvalippen**.

3 Unter den Vulvalippen befindet sich die **empfindliche Klitoris**.

4 Zwischen den Vulvalippen befindet sich der **Eingang zur Vagina**.

5 Die **Vagina verbindet die Vulva mit der Gebärmutter**.

6 Die **Vagina** und die **Gebärmutter** gehören zu den **inneren Geschlechtsorganen**.

7 In der Gebärmutter wächst während einer **Schwangerschaft** ein Baby heran.

8 Von der Gebärmutter führen **zwei Eileiter** zu den **zwei Eierstöcken**.

9 In den Eierstöcken wachsen die **Eizellen** heran.

10 Zusammen nennen wir diese Körperteile die **weiblichen Geschlechtsorgane**.

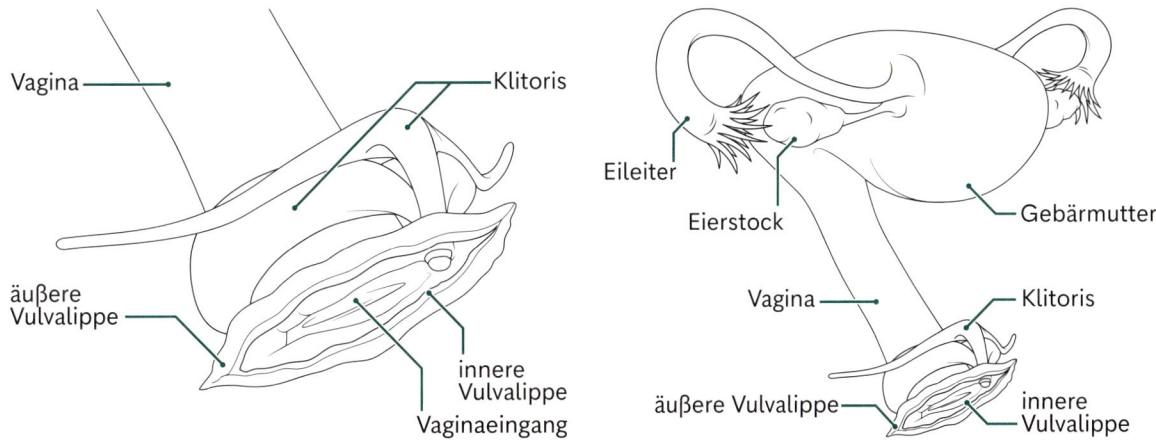

3 Male die Körperteile in den Abbildungen in den passenden Farben an:
Die Vulvalippen sind rosa, die Klitoris ist grün, die Vagina ist lila,
die Gebärmutter ist blau, die Eileiter sind gelb und die Eierstöcke sind orange.

4 Schreibe die passenden Wörter in die Lücken.

→ ~~Vulva~~ • Vulvalippen • Vagina • Gebärmutter • Klitoris • Eierstöcken

Die äußeren Geschlechtsorgane einer Frau nennen wir _Vulva_____.

Zu der Vulva gehören die _____ und die _____.

Die Vulva ist durch die _____ mit der _____

verbunden. Die Eizellen wachsen in den _____ heran.

Die Menstruation

📖 Die Menstruation

▶ Lese-Profi S. 132

1 **Jeden Monat** wächst in einem der **Eierstöcke** eine **Eizelle** heran.

2 Die Eizelle wird dann vom Eierstock **abgegeben**.

3 Diesen Vorgang nennen wir den **Eisprung**.

4 Bei dem Eisprung gelangt die **Eizelle vom Eierstock in den Eileiter**.

5 Wenn die Eizelle im Eileiter nicht auf Spermien trifft, dann stirbt die Eizelle ab.

6 Danach gelangt die Eizelle in die **Gebärmutter**.

7 Die Gebärmutter hat innen eine **schleimige Haut**.

8 Diese Haut nennen wir die **Gebärmutterschleimhaut**.

9 Die **abgestorbene Eizelle** wird nun mit **etwas Gebärmutterschleimhaut**

10 und **Blut aus dem Körper gespült**.

11 Das nennen wir die **Menstruationsblutung**.

12 Die Menstruationsblutung dauert normalerweise **drei bis sieben Tage**.

13 Sie findet **alle drei bis fünf Wochen** statt.

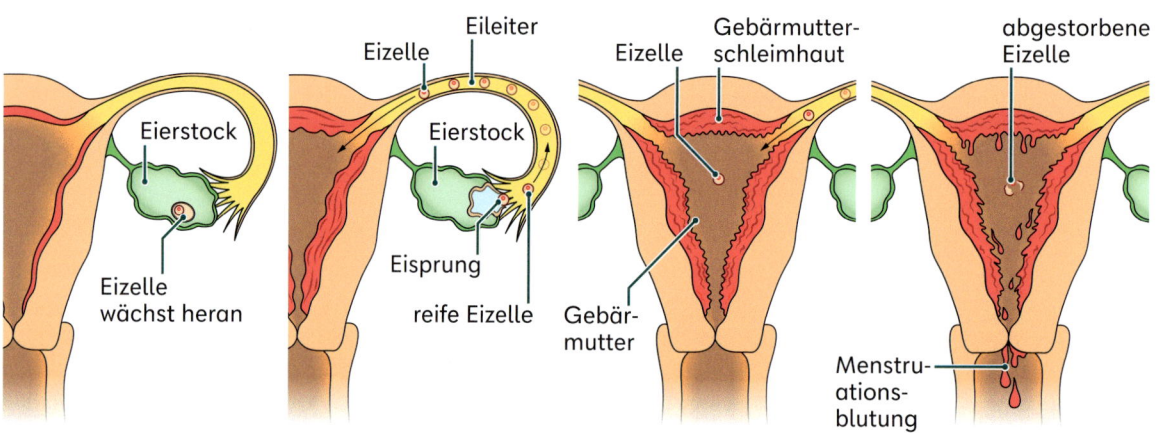

1 Verbinde die passenden Satzteile miteinander.

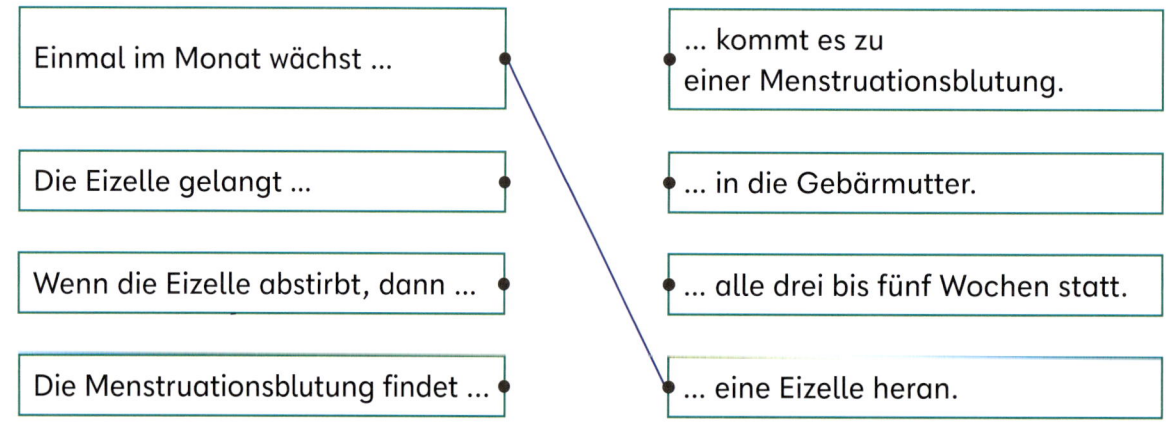

Einmal im Monat wächst ...

Die Eizelle gelangt ...

Wenn die Eizelle abstirbt, dann ...

Die Menstruationsblutung findet ...

... kommt es zu einer Menstruationsblutung.

... in die Gebärmutter.

... alle drei bis fünf Wochen statt.

... eine Eizelle heran.

Die Menstruation

2 a) Schreibe die passenden Wörter in die Kästchen.

→ Eileiter • Eierstock • Eizelle • Gebärmutter

b) Male die Eizelle in den Bildern bunt an.

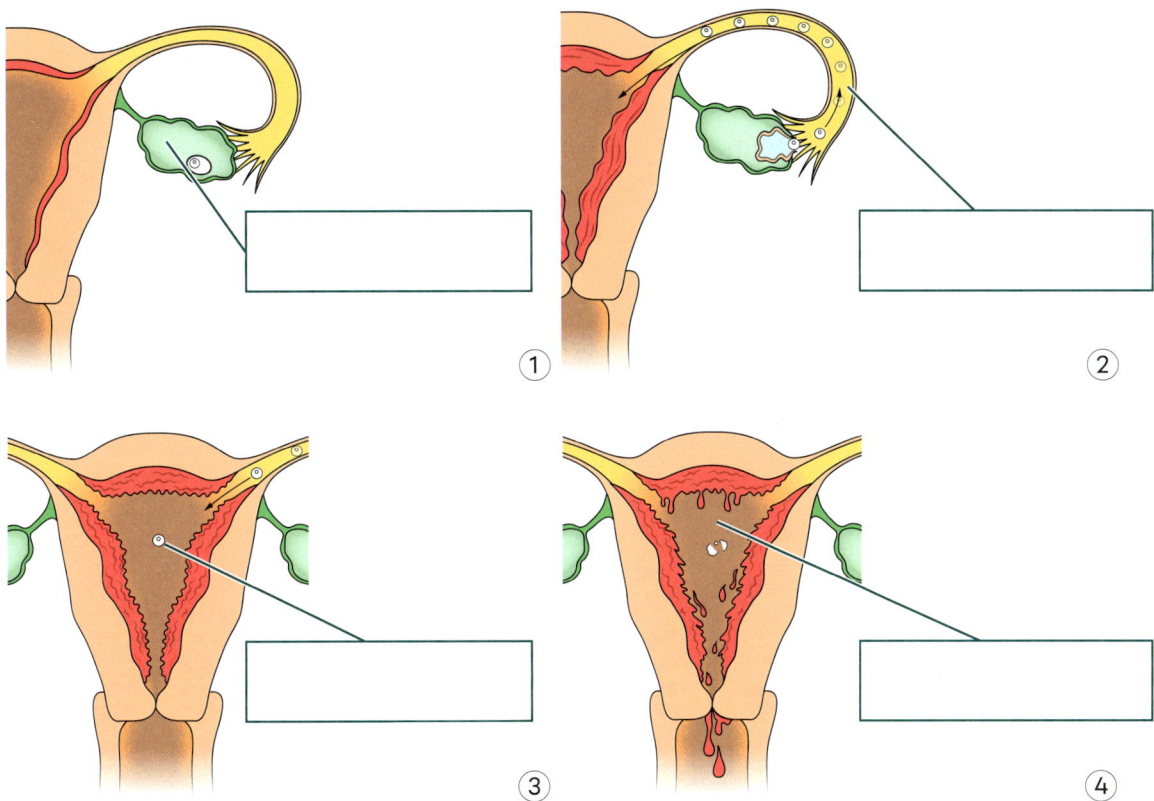

① ② ③ ④

3 Lies dir die Fragen durch. Kreuze die richtige Antwort an.

a) Was ist der Eisprung?

☐ Die Eizelle trifft auf ein Spermium.

☐ Die Eizelle wird vom Eierstock abgegeben.

b) Wie lange dauert eine Menstruationsblutung normalerweise?

☐ 3–7 Tage

☐ 10–15 Tage

c) Aus was besteht die Menstruationsblutung?

☐ aus einer abgestorbenen Eizelle, etwas Gebärmutterschleimhaut und Blut

☐ aus Blut und Urin

Körperpflege ist wichtig!

📖 **Das hilft dir während deiner Menstruation!** ▶ Lese-Profi S. 132

1 Während der Menstruationsblutung **fühlen** sich einige Personen **unwohl**.

2 Dabei ist die Menstruationsblutung ein **ganz natürlicher Vorgang**.

3 Du musst dich dafür **nicht schämen**.

4 Außerdem gibt es einige **Hilfsmittel** für die Menstruationsblutung.

5 Zum Beispiel **Binden**, **Tampons**, **Menstruationstassen** oder **Periodenunterwäsche**.

6 Viele Personen fühlen sich durch die Hilfsmittel **geschützter** und **sauberer**.

7 Die Menstruationsblutung kann **schmerzhaft** sein.

8 Eine **Wärmflasche** oder ein **Tee**

9 können bei den Schmerzen **helfen**.

10 Aber auch **Sport** und **Bewegung** können **guttun**.

11 Wenn du **extreme Schmerzen** hast

12 und **viel Blut** verlierst, dann lasse dich

13 von einer **Ärztin** oder einem **Arzt** untersuchen.

1 Kannst du den Hilfsmitteln auf den Bildern den richtigen Namen zuordnen? Probiere es aus und verbinde die Bilder mit den Namen.

| Binde | Menstruationstasse | Tampon | Periodenunterwäsche |

 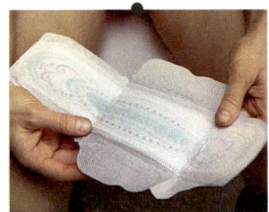  

▶ Methode S. 83

Aktiv: Hilfsmittel für die Menstruation

a) Bildet vier Gruppen. Jede Gruppe bekommt ein Hilfsmittel: Binde, Tampon, Menstruationstasse oder Periodenunterwäsche.

b) Sucht im Internet nach Informationen:
Wie sieht das Hilfsmittel aus?
Wie funktioniert das Hilfsmittel?
Wie oft kann man das Hilfsmittel benutzen?

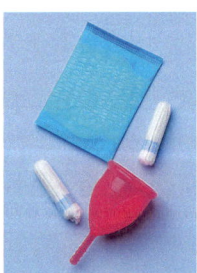

c) Erstellt einen Steckbrief über euer Hilfsmittel.

d) Stellt euch die Steckbriefe gegenseitig vor.

Körperpflege ist wichtig!

📖 Deine Körperpflege

▶ Lese-Profi S. 132

▶  Video

1 In der Pubertät entwickeln sich die **Schweißdrüsen**.

2 Die Schweißdrüsen sind zum Beispiel in den **Achseln**.

3 Die Schweißdrüsen **stellen den Schweiß her**.

4 Der Schweiß kann **unangenehm riechen**.

5 Unter der **Vorhaut** und zwischen den **Vulvalippen** bildet sich ein **weißlicher Belag**.

6 Diesen Belag nennen wir das **Smegma**.

7 Wenn das Smegma **nicht regelmäßig abgewaschen** wird,

8 dann kann es zu **Krankheiten** kommen.

9 Außerdem bekommen viele Jugendliche in der Pubertät

10 **unreine Haut** und **fettige Haare**.

11 Während der Pubertät wird die **Körperpflege** deshalb **immer wichtiger**.

✏ **2** **a)** Überlege, welche Körperteile du besonders sorgfältig waschen solltest? Schreibe die Körperteile auf.

💬 **b)** Wie und womit kannst du deinen Körper pflegen? Sprecht in der Klasse.

❗ Tipps und Tricks zur Körperpflege

- Wasche dich täglich unter den Armen, in deinem Intimbereich und im Gesicht.

- Verwende zum Waschen am besten Seife.
  Achtung: Es gibt spezielle Seifen für das Gesicht und deinen Intimbereich!

- Verwende Deodorant gegen den Geruch von Schweiß.

- Wasche dir regelmäßig deine Haare mit Haarshampoo.

- Wechsle deine Unterwäsche täglich.

- Wechsle regelmäßig deine Kleidung.
  Zum Beispiel, wenn du geschwitzt hast oder deine Kleidung nicht mehr gut riecht.

Deine guten und schlechten Gefühle

📖 Die Liebe

▶ Lese-Profi S. 132

1 Die **Liebe** ist ein **positives Gefühl**.

2 Für die Liebe gibt es **keine einheitliche Beschreibung**.

3 Liebe kann **ganz unterschiedlich** aussehen.

4 Liebe gibt es zum Beispiel zwischen **Pärchen**, im **Freundeskreis** oder in der **Familie**.

5 **Alle dürfen lieben, wen sie möchten.**

6 Wenn du verliebt bist, dann **denkst** du **sehr viel an die Person**.

7 Du kannst es **kaum erwarten**, die **Person zu sehen**, und **möchtest ihr ganz nah sein**.

8 Aber **nicht immer ist die Liebe auf beiden Seiten gleich groß**.

9 Das kann **wehtun**.

10 Einige Menschen sind dann sehr **traurig**.

11 Wir nennen das Gefühl den **Liebeskummer**.

12 Einigen Personen hilft dann **Ablenkung**.

13 Aber auch deine **Freundinnen** und **Freunde**

14 oder eine **Vertrauensperson** können dir helfen,

15 den Liebeskummer zu überstehen.

16 Der Liebeskummer bleibt **nicht für immer**.

> **ı** ● Du hast Sorgen oder Kummer und möchtest mit jemandem darüber reden?
> Dann kannst du die *Nummer gegen Kummer* anrufen:
> 116 111.

 Aktiv: Liebe ist ...

Das braucht ihr: vier farbige Plakate (mind. DIN-A3), Stifte.

✏ **a)** Schreibt auf jedes Plakat einen der folgenden Satzanfänge:

- Ich liebe ...

- Ich fühle mich geliebt, wenn ...

- An meiner besten Freundin / meinem besten Freund liebe ich ...

- Ich fühle mich ungeliebt, wenn ...

✏ **b)** Vervollständigt die Sätze auf den Plakaten, ohne miteinander zu sprechen. Alle sollen etwas aufschreiben.

Deine guten und schlechten Gefühle

📖 Neinsagen

▶ Lese-Profi S. 132

▶ Video

1 **Dein Körper gehört nur dir allein**.

2 **Niemand** darf dich **ungefragt anfassen**.

3 **Niemand** darf dich zu etwas **zwingen**.

4 **Du allein entscheidest**, was deine **Grenzen** sind.

5 Nur weil eine andere Person etwas möchte,

6 musst du es nicht auch wollen.

7 Wenn dir jemand zu nahekommt oder etwas macht,

8 das du nicht willst, dann zeige es.

9 Mithilfe deiner **Worte**, deiner **Lautstärke** und deiner **Körpersprache**

10 kannst du **Nein sagen**.

11 Wenn dir jemand ein **ungutes Gefühl** gibt,

12 dann **hol dir Hilfe** oder **sprich mit einer Vertrauensperson** darüber.

> **❗** Eine Person hat deine körperlichen Grenzen überschritten
> und du möchtest mit jemandem darüber reden? Dann kannst du
> das *Hilfe-Telefon für sexuellen Missbrauch* anrufen: 0800 22 55 530.

💬 **1** Was könnten die Jugendlichen in den Bildern antworten? Sprecht zu zweit.

Schick mir mal ein Foto von dir in deiner Badehose ☺.

Beispiel: Nein, das geht mir zu weit. Ich will das nicht. Lass mich in Ruhe!

Komm schon! Du willst doch meine Freundin sein. Dann gehört Sex dazu.

Beispiel: Nein! Nur weil ich deine Freundin bin, muss ich nicht mit dir schlafen. Ich möchte nicht.

✎ **2** Lege deine eigenen Grenzen fest.
Kreuze an, ob die Situation bei dir gute oder schlechte Gefühle auslöst.

Löst die Situation gute oder schlechte Gefühle bei dir aus?	☺	☹
Meine Eltern geben mir einen Kuss auf die Wange.		
Meine Mitschülerin oder mein Mitschüler guckt mir beim Umziehen in der Umkleidekabine zu.		
Eine Lehrkraft gibt mir im Sportunterricht eine Hilfestellung.		
Meine Freundin oder mein Freund umarmt mich.		

Der Sex und die Verhütung

📖 Was ist eigentlich Sex?

▶ Lese-Profi S. 132

1 Wenn wir andere Menschen **sehr gerne mögen**,

2 dann können wir das durch **Worte**, **Gesten**

3 und mit unserem **Körper** zeigen.

4 Manche Menschen **umarmen**, **streicheln**

5 oder **küssen** wir sogar.

6 Wenn Menschen **körperliche Nähe** fühlen möchten

7 und sich **an den Geschlechtsorganen berühren**, dann nennen wir das **Sex**.

8 Du kannst **mit anderen Personen** und **mit dir allein** Sex haben.

9 Wenn du Sex hast, dann kann es zu einem **Orgasmus** kommen.

10 Bei einem **Mann** verlassen dabei die **Spermien** mit etwas **Flüssigkeit** den Körper.

11 Das nennen wir einen **Samenerguss**.

12 Die **weißliche**, **trübe** und **leicht klebrige Flüssigkeit** nennen wir das **Sperma**.

13 Bei der **Frau** zucken bei einem Orgasmus die **Muskeln von der Vagina**

14 und die **Muskeln von der Gebärmutter**.

15 Bei einem Orgasmus entsteht ein **gutes Gefühl**.

16 Immer wenn das **Sperma an die Geschlechtsorgane der Frau** kommt,

17 dann kann es zu einer **Schwangerschaft** kommen.

18 Bei einer Schwangerschaft wächst ein **Kind im Bauch einer Frau**.

19 Ein Kind zu bekommen ist eine **sehr große**, **lebenslange Verantwortung**.

 **1** Sammelt gemeinsam weitere Beschreibungen für „Sex".
Überlegt gemeinsam, ob das schöne oder nicht so schöne Worte dafür sind.

Schöne Beschreibungen	Nicht so schöne Beschreibungen
_____	_____
_____	_____
_____	_____
_____	_____
_____	_____

Der Sex und die Verhütung

📖 Die Verhütung

▶ Lese-Profi S. 132

1 Beim Sex können Krankheiten übertragen werden.

2 Diese Krankheiten nennen wir die **Geschlechtskrankheiten**.

3 Geschlechtskrankheiten sind **sehr ansteckend** und können **sehr krank** machen.

4 Beim Sex mit einem Mann kann eine Frau außerdem **schwanger** werden.

5 Es ist wichtig, sich vor **Geschlechtskrankheiten** und vor einer **ungewollten**

6 **Schwangerschaft** zu **schützen**. Dafür gibt es verschiedene **Verhütungsmittel**.

7 Das **Kondom** ist ein wichtiges Verhütungsmittel.

8 Es schützt dich als **einziges Verhütungsmittel**

9 vor **Geschlechtskrankheiten** und vor einer **Schwangerschaft**.

▶ Methode S. 83

 ## Aktiv: Die Verhütungsmittel

Das braucht ihr: einen Internetzugang, ein Plakat, Stifte.

a) Bildet Kleingruppen und teilt die Verhütungsmittel unter euch auf: das Kondom, die Pille, das Lecktuch, die Spirale und die Pille danach.

b) Jede Gruppe sucht im Internet nach einem Verhütungsmittel.

c) Schreibt auf:

Wovor schützt das Verhütungsmittel?

Wie wird das Verhütungsmittel benutzt?

Wo kann das Verhütungsmittel gekauft werden?

d) Erstellt ein Plakat zu eurem Verhütungsmittel.

e) Stellt das Plakat in eurer Klasse vor.

▶ Methode S. 105

🖐 Aktiv: Wie wird ein Kondom richtig angewendet?

Das brauchst du: mehrere Kondome, ein Penismodell.

Hier siehst du, wie man ein Kondom richtig über einen Penis rollt. Folge den Schritten A bis D und probiere es am Modell aus.

▶ 📱 Video

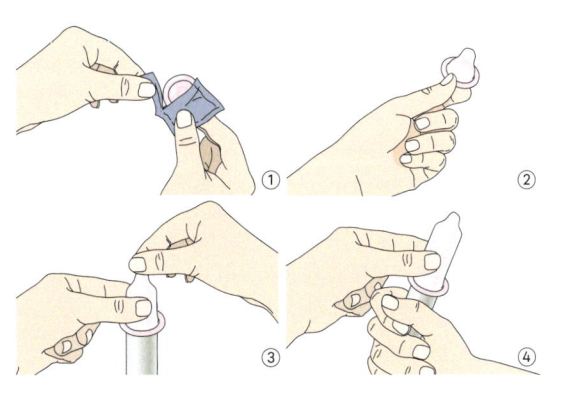

Die geschlechtliche und sexuelle Vielfalt

📖 Die geschlechtliche Vielfalt

▶ Lese-Profi S. 132

▶  Video

1 An den **äußeren Geschlechtsorganen** erkennen wir
2 das **biologische Geschlecht.**
3 Die meisten Menschen sind entweder **biologische Frauen** oder **biologische Männer.**
4 Manchmal kommt es auch vor, dass ein Mensch
5 **weibliche und männliche Geschlechtsorgane** hat.
6 Diese Menschen nennen wir **intergeschlechtlich.**

7 Das biologische Geschlecht stimmt nicht immer
8 mit dem **eigenen Körpergefühl** überein.
9 Deshalb hat jeder Mensch auch ein **gefühltes Geschlecht.**
10 Wenn das **biologische Geschlecht** und das **gefühlte Geschlecht gleich** sind,
11 dann nennen wir das **cisgeschlechtlich.**
12 Manche Menschen fühlen sich als **Frau oder Mann,**
13 **obwohl ihre Geschlechtsorgane nicht dazu passen**.
14 Diese Menschen nennen wir **transgeschlechtlich.**
15 Menschen, die sich **weder als Frau noch als Mann** fühlen, nennen wir **nicht-binär.**

✎ **1** Welche Sätze stimmen? Kreuze die richtigen Sätze an.

Das Geschlecht können wir immer von außen erkennen.	☐
Es gibt Menschen, die sich weder als Frau noch als Mann fühlen.	☐
Cisgeschlechtliche Menschen fühlen sich in ihrem biologischen Geschlecht wohl.	☐
Das gefühlte Geschlecht und das biologische Geschlecht sind immer gleich.	☐

Die Pronomen

Wenn du über andere Menschen sprichst,
dann verwendest du **Pronomen.**
Die Pronomen zeigen das **gefühlte Geschlecht.**
Bei **Frauen und Männern** sagen wir **sie und er.**
Bei **nicht-binären Menschen** können wir **sier** sagen.
Die **richtigen Pronomen** zu benutzen,
ist für viele Menschen **wichtig.**
Wenn du dir unsicher bist,
dann frag die Person,
wie sie angesprochen werden möchte. ▶ 📱 Video

Alex: Hast du das neue Bild von Sam Smith gesehen? Sein Style ist so cool 💯

Maxi: Ohja, mega cool! Sam Smith ist übrigens nicht-binär und möchte mit „sier" angesprochen werden 👱

Alex: Upsi, das wusste ich nicht - sorry! Wie möchtest du eigentlich angesprochen werden, Maxi 💜

Maxi: Mit er/ihm! Und du ✌

Alex: Mit sie/ihr 🙂

Die geschlechtliche und sexuelle Vielfalt

📖 Die sexuelle Vielfalt

▶ Lese-Profi S. 132

▶  Video

1 **Jeder Mensch liebt anders.**
2 Das nennen wir die **sexuelle Orientierung.**
3 Es gibt **viele verschiedene**
4 sexuelle Orientierungen.
5 Es gibt **Frauen, die Männer lieben**
6 und **Männer, die Frauen lieben.**
7 Diese Menschen sind **heterosexuell.**
8 Es gibt auch **Menschen, die Personen**
9 **mit dem gleichen Geschlecht lieben.**
10 Diese Menschen sind **homosexuell.**
11 Und es gibt **Menschen, die Frauen und Männer lieben.**
12 Diese Menschen sind **bisexuell.**
13 Einigen Menschen ist das biologische und das gefühlte **Geschlecht ganz egal.**
14 Diese Menschen sind **pansexuell.**
15 Wiederum andere Menschen fühlen **kaum oder keine sexuelle Anziehung.**
16 Diese Menschen sind **asexuell.**

17 In der **Pubertät** sammeln Jugendliche **oft erste sexuelle Erfahrungen.**
18 Viele fangen an, herauszufinden, wen oder was sie eigentlich mögen.
19 Deine sexuelle Orientierung ist **nicht für immer festgelegt.**
20 Sie kann sich im Laufe deines Lebens ändern.

Die Regenbogenflagge ist das Symbol der geschlechtlichen und der sexuellen Vielfalt.

🖉 **2** **a)** Schreibe die passende sexuelle Orientierung unter das Bild.

🖉 **b)** Welche sexuellen Orientierungen kennst du noch? Schreibe sie auf.

☺ Das kann ich!

✎ **1** Schreibe die passenden Wörter in die Lücken.

→ Körper • Verhalten • verwirrend • Pubertät • überfordernd • Denken

Zwischen dem 9. und 20. Lebensjahr kommen Kinder in die _____.

Während der Pubertät verändern sich viele Dinge. Zum Beispiel der

_____, das _____ und das _____.

Die eigenen Gefühle sind häufig _____ und _____.

✎ **2** **a)** Was sind die **weiblichen Geschlechtsorgane** und was sind
die **männlichen Geschlechtsorgane**? Schreibe es über die Abbildung.

_____   _____

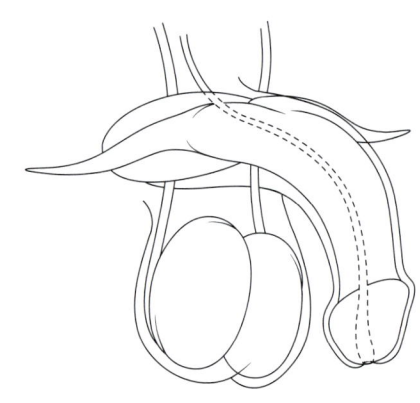 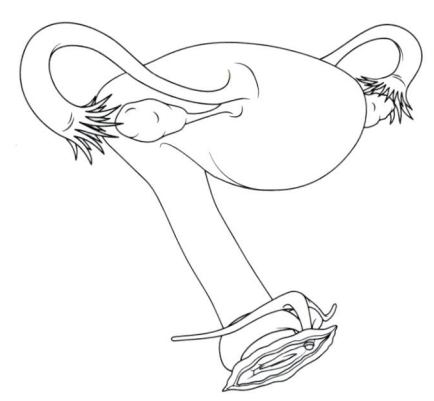

✎ **b)** Male die Körperteile in der passenden Farbe an.

- die Vorhaut
- die Eichel
- der Schwellkörper
- die Spermaröhre
- die Hoden
- der Hodensack

- die Vulvalippen
- die Klitoris
- die Vagina
- die Gebärmutter
- die Eileiter
- die Eierstöcke

✂ **3** Verbinde die passenden Satzteile miteinander.

Jeden Monat wächst in einem der Eierstöcke ...	... eine Eizelle heran.
Die Menstruationsblutung dauert ...	... normalerweise drei bis sieben Tage.

4 Welche Sätze stimmen? Kreuze die richtigen Sätze an.

Hilfsmittel für die Periode sind die Pille, das Kondom und das Lecktuch.	☐
Für den Intimbereich gibt es spezielle Seife.	☐
Beim Sex kommt es immer zu einem Orgasmus.	☐
Beim Sex kann es zu einer Schwangerschaft kommen.	☐
Beim Sex können Geschlechtskrankheiten übertragen werden.	☐
Es gibt nur zwei Hilfsmittel für die Periode.	☐

5 Löse das Kreuzworträtsel.

1. Es gibt das biologische und das ... Geschlecht.
2. Menschen, bei denen das biologische und gefühlte Geschlecht gleich sind, nennen wir ...
3. Menschen, die kaum oder keine sexuelle Anziehung spüren, nennen wir ...
4. Menschen, die das gleiche Geschlecht lieben, nennen wir ...
5. Unsere sexuelle ... beschreibt, wen wir lieben.

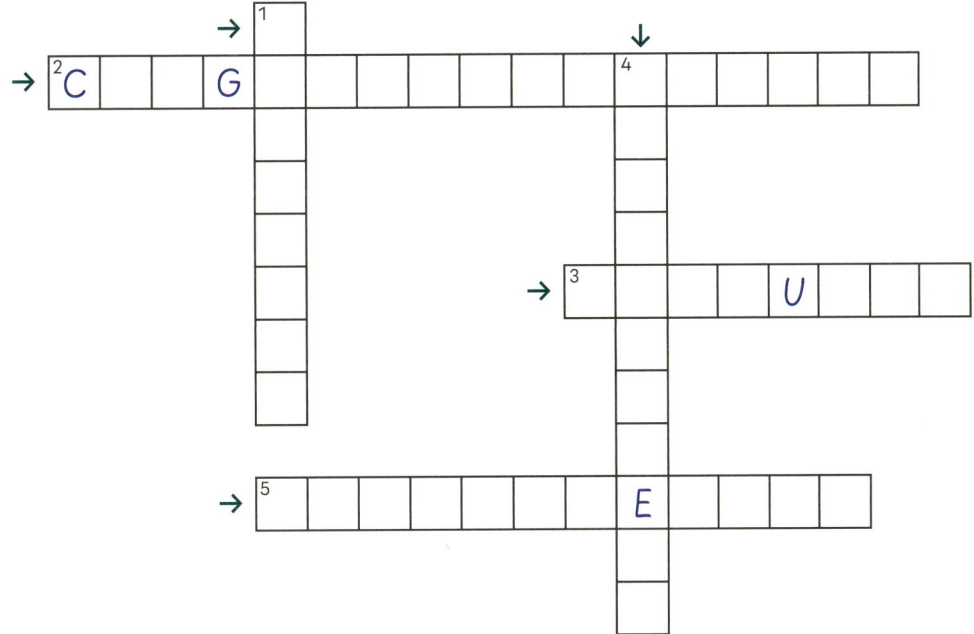

6 a) Überprüfe deine Antworten.

b) Schätze dich selbst ein. Male dazu 1, 2 oder 3 Smileys aus.

So gut kenne ich mich mit der Pubertät aus:	☺ ☺ ☺

Lesen mit dem Lese-Profi

Der Lese-Profi hilft mir, Texte zu lesen und zu verstehen.
Ich merke mir die Schritte 1 bis 3.
Ich wende den Lese-Profi bei den Texten an.
Auf diesen Seiten kann ich üben: 11, 50, 89, 120.

1 Vor dem Lesen

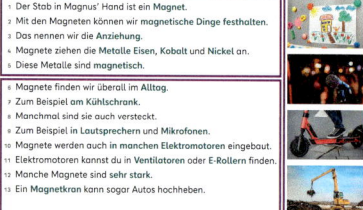

Ich lese die Überschrift.
Was verrät mir die Überschrift?

Ich sehe mir die Bilder an.
Was sagen mir die Bilder?

Ich sehe mir den ganzen Text an.
Wie viele Abschnitte hat der Text?
Welche Schlüsselwörter erkenne ich?

2 Beim Lesen

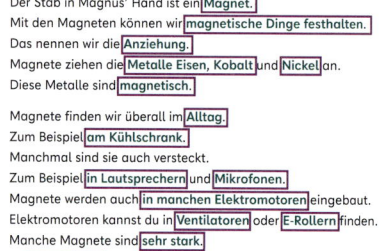

Ich lese die Schlüsselwörter.
Was verraten mir die Schlüsselwörter über das Thema?

Ich lese den Text einmal durch.
Was weiß ich jetzt über das Thema?

Ich lese den Text genau.
Welche Wörter kenne ich nicht? Wo finde ich Erklärungen?
Was steht in den Abschnitten?
Was weiß ich nun über den ganzen Text?

3 Nach dem Lesen

Ich kann etwas zum Text aufschreiben.
Was finde ich wichtig?
Was soll ich tun?

Ich überlege zum Schluss:
Was habe ich Neues gelernt?
Was habe ich gut gemacht?

Experimentieren mit dem Experimentier-Profi

Der Experimentier-Profi hilft mir beim Experimentieren.
Ich wende den Experimentier-Profi bei Aktiv-Aufgaben
mit dem Experimentier-Symbol ⚗ an.
Auf diesen Seiten kann ich üben: 12, 32, 61, 107.

1   Vor dem Experimentieren

a) Ich schaue mir die Frage an.

b) Ich stelle Vermutungen auf.

2   Ein Experiment vorbereiten

a) Ich lese mir die Materialliste aufmerksam durch.

b) Ich räume meinen Tisch leer.
Ich lasse nur die Materialliste, die Anleitung, das Blatt Papier mit meinen
Vermutungen und einen Stift auf dem Tisch liegen.

c) Ich hole alle Materialien an meinen Platz.

d) Ich lese mir die Anleitung aufmerksam durch.

e) Ich lese mir die *Regeln im Fachraum* (Seite 7) aufmerksam durch.

3   Ein Experiment durchführen

a) Ich führe das Experiment Schritt für Schritt mithilfe der Anleitung durch.

b) Ich halte mich an die *Regeln im Fachraum* (Seite 7).

c) Ich arbeite vorsichtig und sorgfältig.

d) Ich schreibe meine Beobachtungen ganz genau auf.

4   Nach dem Experimentieren

a) Ich frage meine Lehrkraft, wo ich
die Materialien und den Müll hinbringen soll.

b) Ich räume meinen Platz auf.

c) Ich lese mir meine Frage, meine Vermutungen
und meine Beobachtungen durch.

d) Ich schreibe eine Auswertung.

Ausfüllbild: Der ökologische Handabdruck (Seite 39, 73, 81)

**Alle deine guten Taten für die Natur
gehören zu deinem ökologischen Handabdruck.
Denn mit einer guten Tat reichst du der Natur deine helfende Hand
und zeigst ihr, dass ihr gemeinsam stark seid.**

1 Dein ökologischer Handabdruck

👁 **a)** Schau dir den ökologischen Handabdruck an.

👁 **b)** Suche den passenden Finger.

✏ **c)** Schreibe deine guten Taten an den passenden Finger.

✏ **d)** Wie kannst du in Zukunft noch mehr Gutes tun?
Schreibe deine Ideen in einer anderen Farbe an den passenden Finger.

Wenn ich aus dem Zimmer gehe, dann mache ich das Licht aus.

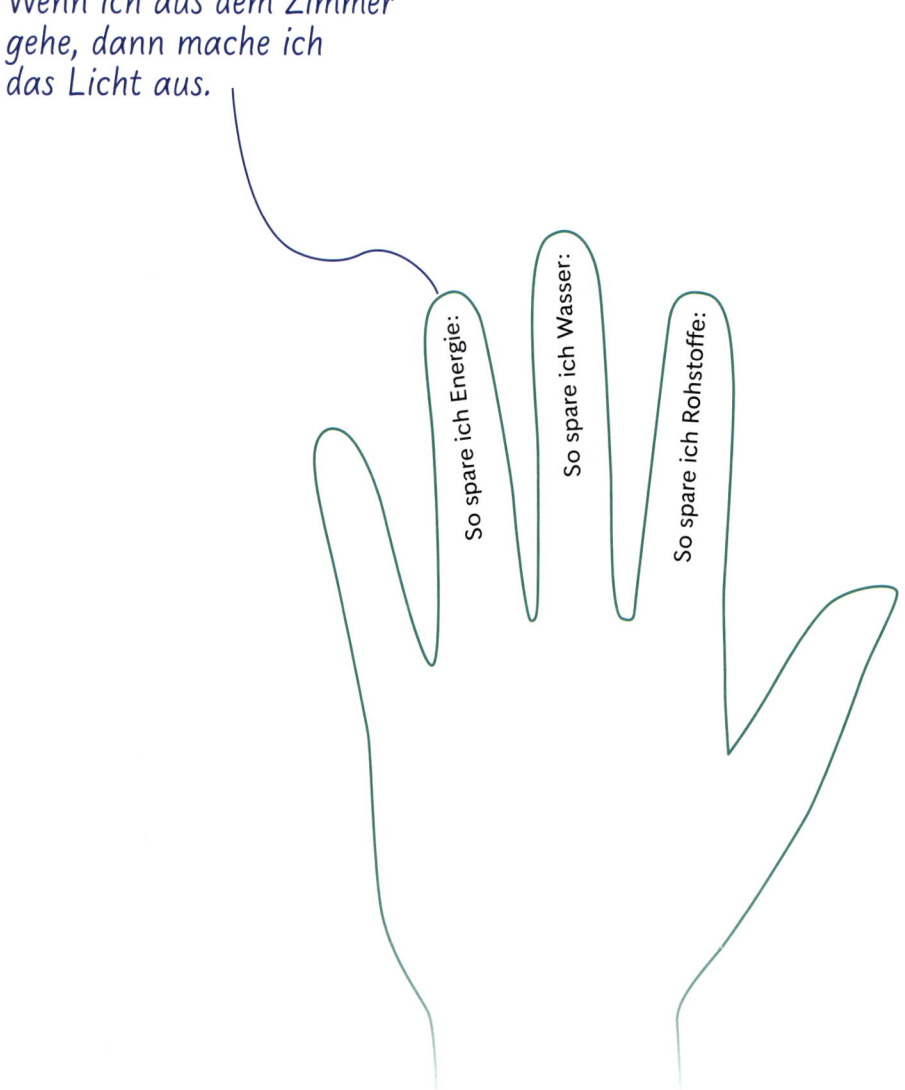

So spare ich Energie:

So spare ich Wasser:

So spare ich Rohstoffe:

Schablone: Wir bauen ein Muskelmodell (Seite 111)

Bildquellenverzeichnis